OUVRAJES POLITIQUES

DE

MR. L'ABBE' DE ST. PI[ERRE],

CARLES IRENÈE CASTEL,

DE L'ACADEMIE FRANÇEZE.

TOME HUITIEME,

Sur le Miniſtère des Finances.
Sur le Miniſtère des Affaires avec les Etrangers.
Sur le Miniſtère de la Guerre avec les Etrangers.
Projet pour parvenir à la Paix.

A ROTTERDAM,

CHEZ JEAN DANIEL BEMAN,

1734.

OUVRAJES

DE

POLITIQUE

Sur le Miniſtère des Finances.

TOME HUITIEME.

OBSERVATION I.

Néceſſité des Subſides.

IL faut que les Hommes employez par l'Etat le long de l'anée pour l'Utilité Publique, tirent du Publiq une recompenſe anuèle, un revenu anuèl ataché à leurs ofices & à leurs fonctions; & un revenu proportioné 1. à l'utilité dont ces fonctions ſont au Publiq. 2. Proportioné à la peine. 3. Proportioné au péril de ces fonctions.

Oficiers de Juſtice, de Police, de Religion ; Oficiers des Colèges, des Hopitaux ; Oficiers de Guerre de terre & de mer, Soldats, Matelots, Ambaſſadeurs &c.

Il faut que ceux qui ſervent le Publiq ſoient peyez par le Publiq , ſans
cela il n'y auroit preſque aucun homme qui voulut s'emploïer à ſes dépens
pour le ſervice du Publiq.   La Societé ſe diſſoudroit , chacun voudroit ſe
faire juſtice à lui-meme, ce ſeroit une
guerre entre tous les habitans d'un meme Peys ; & tous les grans avantages
que la Societé procure aux hommes
s'anéantiroient dans le moment.

Il faut acheter des armes , il faut des
magazins & des munitions de guerre,
il faut peyer régulièrement les dètes
anuèles de la Societé ; car ſans un payment régulier de pareilles dètes , la
Societé n'auroit plus de crédit pour
enprunter , lors qu'il s'agit de ſe pré-
parer prontement à la guerre contre
les Nations Etrangères, pour garantir
du pillage les biens des Sujets.

Ainſi il faut que l'Etat ait ſes revenus anuels ordinaires , pour ſatisfaire
à ſes charges anuèles ordinaires. Il
faut de meme quelques taxes extraordinaires , pour les entreprizes extraordinaires , pour les bezoins extraordinaires. La taxe pour éviter ou pour
ſoutenir la guerre, eſt un mal ; mais
c'eſt

c’eſt un mal dézirable, puiſqu’il garantit d’un mal beaucoup plus grand.

La Taxe pour les chemins, pour
les canaux, pour les ponts, pour les
ports, eſt un mal; mais il devient un
bien quand il fait ceſſer des maux plus
grans, quand il procure des bien dix
fois plus grans que n’eſt le bien, que
n’eſt l’argent dont la Taxe prive les
Sujets.

Quels peuvent être les revenus anuels de la Societé, ſinon les inpozitions anuèles, dont chacun des Sujets
doit porter ſa part, à proportion de
ſon revenu anuel, de quelque eſpèce
que ſoit ce revenu, charges peyées?
Or l’inpozition, la repartition, le
recouvrement, & la diſtribution de
ce revenu, doit ſatisfaire à tous les
bezoins de l’Etat. Il faut par conſéquent faire en ſorte que la recète anuèle ordinaire égale au moins la dépenſe anuèle néceſſaire. Il faut que
la recète ſoit plus forte pour mettre
quelque choſe en rezerve, pour ſatisfaire aux dépenſes non prévuës. Enfin il faut que la repartition ſoit proportionée au revenu de chacun, afin
que les Sujets non protégez ne ſoient

opri-

oprimés & acablés du fardeau que doivent porter tous les autres. Voila en général ce qui compoze le Miniſtère des Finances.

S'il n'y avoit point d'Officiers peyez, de Soldats peyez, pour défendre nos frontieres des ravages & des pillages des Enemis, la plus grande partie des Peuples ne pouroient pas peyer les ſubſides anuels. Ainſi le bon ordre & e ſuccez du Miniſtère des Finances dépend du ſuccez du Miniſtère de la Guerre & des Négociations, qui a ſoin d'un coté de défendre les Frontières & de négocier de l'autre des Aliances défenſives. D'un autre coté, s'il n'y avoit ni Soldats, ni Oficiers, ni Places fortes ſur les Frontières, ni Négociateurs dans les Cours des Princes voiſins, les Habitans ſeroient tous les jours expoſez aux pillages des Enemis, & ne pouroient peyer les taxes qui compoſent les revenus ordinaires de l'Etat. Ainſi le ſuccez du Miniſtère de la Guerre & de la Negociation, dépend du bon ordre du Miniſtère des Finances.

La conſervation des diférentes parties du Corps Politique dépend du
ſe-

secours mutuel qu'elles se donent , &
qu'elles doivent se doner les unes aux
autres. *Ne peyez point de Négocia-*
teurs, vous n'aurez point de Paix , ou
vous n'aurez point de Paix durable, ou
vous n'aurez point d'Aliances sufisantes
pour une comune defense. Ne faites ni
pavez, ni canaux , ni ports, ni ponts,
vous n'aurez qu'un Comerce très languis-
sant, & les revenus des terres , & par
conséquent les revenus publiqs , seront
beaucoup moindres.

Que seroit-ce qu'un Corps Politique sans Juges, sans Oficiers destinez
à faire observer les Loix, à faire exécuter les Jugemens, & à conserver
& augmenter la Tranquilité & la Paix
entre les Citoïens. Or peut-on compter avoir des Juges, peut-on les choizir
entre les meilleurs Sujets, si les revenus publiqs ne font pas sufisans pour
les entretenir ? N'est-il pas certain
d'ailleurs que s'il n'y avoit point de
Magistrats, les subsides de l'Etat ne
pouroient pas se lever avec règle, avec
autorité, & avec justice? Ce ne seroit
bientot qu'un brigandage, qui détrui-
roit les biens, & qui laisseroit les Sujets à la discretion des plus violens,

des plus méchans, & des plus forts, qui périroient bientot eux-mêmes par la main de plus forts qu'eux.

Il faut toujours que la justice soit acompagnée & secouruë par la force, & que la force ne fasse rien que par le commandement de la justice. Tous les Ministères sont donq dépendans les uns des autres. Mais le Ministère des Finances est celui qui dépend le moins des autres, tandis que les autres dépendent beaucoup plus de lui, pour produire à la Societé les biens qu'elle doit attendre de tous.

J'ai fait en diférens tems divers Mémoires, qui concernent ce Ministère. C'est aux Professeurs de Politique à les ramasser, à les rectifier, à les aranger, & à en ramasser d'autres semblables, pour la plus grande instruction de leurs Disciples.

Mon dessein est de receuillir, dans ces Essais, seulement quelques observations générales que j'ai faites sur l'inposition, sur le recouvrement des subsides anuels & ordinaires, & sur les subsides extraordinaires ; pour les repartir avec le plus de proportion, & les lever avec le moins de frais qu'il
est

eſt poſſible, & pour éviter les efets de la négligence des Comis.

A l'égard de l'arangement de la dépenſe anuèle ordinaire en tems de Paix, & de la dépenſe extraordinaire en tems de Guerre, j'ai cru que pour en doner une idée, il étoit à propos de doner un Mémoire des ſubſides & des dépenſes du Royaume de France, tel que j'en ai recouvré un de l'anée 1730. Il peut bien i avoir quelques erreurs, mais elles ne ſont pas eſſentielles; & tel qu'il eſt, il ſufit pour fonder mes obſervations.

Le marq d'argent fin valoit alors environ cinquante livres, comme aujourdui en 1734.

OBSERVATION II.

Revenus du Roi de France, Anée 1730.

Fermes Générales dans leſquelles ſont les Aides, Entrées & Droits, y joints trente deux milions de livres; grandes Gabelles, vint milions; petites Gabelles, ſix milions cinq cens mille livres; cinq groſſes Fermes, neuf milions cinq cens mille livres;

A 4

Do-

Domaines , Controlle des Actes &
Droits , i joints onze milions cinq cens
mille livres ; Domaines d'Occident,
cinq milions cinq cens mille livres.
Total , quatre vint milions.   Et ce
total a été augmenté de six milions
en 1730. cy   86000000 ℔

Tailles des Peïs d'Election , i
compris la Capitation des taillables & non taillables , qui monte à dix huit milions cinq cens
mille livres , & les fourages de
cinq milions ; en total , à environ
foixante fept milions cy   67000000 ℔

Taille & Subvention des Peïs
conquis , deux milions cent quatre vint dix neuf mille cent dix
huit livres cy   -   2199118 ℔

Capitation des Peïs conquis ,
deux milions cent quatre vint dix
huit mille trois cens trente fept
livres cy   -   2198337 ℔

Capitation des Peïs d'Etats ,
trois milions neuf cens quatre
vint onze mille neuf cent vingt
deux livres cy   -   3991922 ℔

Capitation de Paris , deux milions cy   -   2000000 ℔

Ca-

Capitation de la Cour , sept cens quatre vint dix sept mille deux cens quarante livres cy

797240 ℔

Capitation retenuë sur les gages , un milion trente quatre mille livres cy - 1334000 ℔

Retenuë du Dixième sur certaines dépenses , deux milions cy - - 2000000 ℔

Don gratuit des Peys d'Etats, Bourgogne , Languedoc , Bretagne &c. cinq milions sept cens quarante huit mille trois cens trente sept livres cy - 5748337 ℔

Bois du Roi , anée comune, un milion cinq cens mille livres cy - - 1500000 ℔

Parties Casuelles & Paulètes, anée comune , trois milions cy - - 3000000 ℔

Postes , trois milions six cens mille livres cy - 3600000 ℔

Clergé , anée comune , un milion six cens mille livres 1600000 ℔

Clergé des frontières , neuf cens trente mille cent trente six livres cy - 930136 ℔

Fabriques des lingots, cinq cens mille livres cy   500000 ℔

Cinquantième, environ cinq milions cy   -   5000000 ℔

Cet Article eft fuprimé, mais les Fermes font augmentées d'autant, ou à peu prez.

Total environ cent quatre vint dix milions cy   190000000 ℔

Quelques-uns de ces Articles ont été pris des Etats de 1724 & 1726.

REMARQUE.

Les cent vint milions de livres tournois auxquels fe montoient les revenus de Roi en 1683. fous le Miniftère de Mr. Colbert, le marq d'argent étant à 28 ℔ tournois, fezoient environ quatre milions deux cens quatre vint fix mille marqs.

Les Revenus du Roi montent en 1733. à 190. milions, à 49 ℔ le marq ; mais il en faut déduire environ vint deux milions pour la Capitation, dix milions pour le Controle des Actes, & plus de trois milions pour l'augmentation de confomation de Tabac

de-

depuis 1683. c'eſt trente cinq milions
à rabatre de 190. reſte à 155. milions
à 49. ℔ le marq.

Si vous ſupoſez prézentement les
quatre milions deux cens quatre vint
ſix mille marqs, du tems de Mr. Colbert, à 49. ℔ le marq, ils feront plus
de deux cens milions de notre monoye
prézente. Or ſi vous otez de deux
cens milions cent cinquante cinq milions, il ſe trouvera que c'eſt quarante
cinq milions de livres monoye prézente , dont les Tailles & les Anciennes
Fermes du Roy ſont diminuez depuis
cinquante ans.

Cete grande diminution des Revenus du Roy vient, pour la plus grande partie , de l'inprudente augmentation des Monoyes de 28. ℔ à 49 ℔ le
marq.

OBSERVATION III.

Dépenſe ordinaire , Anée comune.

La plupart des Articles ont eté tirez de l'Etat de l'Anée 1724. tems de
Paix. Il i a pluzieurs dépenſes extraordinaires , qui n'ont pas été ſi fortes
en 1726.

PER-

PERSONNE ET SERVICE DU ROI,

y compris les penſions des Princes en 45 Articles, vint un milions trois cens quatre vint dix ſept mille livres.

SAVOIR,

Comptant du Roi, habits &c. trois cens ſoixante mille livres cy 360000 ℔

Caſſète du Roi , jeu , petites penſions , petits prézens &c. un milion deux cens mille livres cy - - 1200000 ℔

Ofrandes & Aumones , deux cens mille livres cy 200000 ℔

Maizons Religieuzes, Ecoles Crétiennes, & Nouveaux Catoliques , deux cens mille livres cy - - - 200000 ℔

Pauvres de Paris, quatre vint mille livres cy - 80000 ℔

Gages des Treſoriers, des Gentilshomes ſervans , Oficiers de bouche, grand & petit Comun, Gobelets, Fruiterie &c. Valets de chambre, Garderobe, Huiſſiers, Oficiers des châteaux &c. huit cens cinquante mille livres cy - - 850000 ℔

Re-

Recompenſes d'Oficiers ordinaires, cent cinquante mille livres
cy - - - 150000 ℔

 Chambre aux deniers, tables
& bougies, un milion deux cens
mille livres cy - 1200000 ℔

 Extraordinaires de l'Anée 1724.
cent cinquante mille livres cy 150000 ℔

 Entretien des meubles, argen-
terie, garde-meuble & pierreries,
cinq cens mille livres cy 500000 ℔

 Ecurie ordinaire & livrée, tant
de l'Ecurie que des Suiſſes, un
milion huit cens mille livres cy
- - - 1800000 ℔

 Gages des cent Suiſſes, cinquante quatre mille livres cy 54000 ℔

 Prévoté de l'Hôtel, ſoixante
deux mille livres cy - 62000 ℔

 Venerie & Fauconerie, ſix cens
cinquante mille livres cy 650000 ℔

 Entretien de la Machine de
Marly, vint quatre mille livres
cy - - 24000 ℔

 Jettons d'or & d'argent du
Tréſor Royal & des Parties Ca-
ſuelles, cent quarante mille livres
cy - - 140000 ℔

Mu-

Musique & Chapelle, cinq cens
mille livres cy   -   500000 ℔

Menuës dépenses par aquits patens, cent cinquante mille livres
cy   -   150000 ℔

Pensions secretes par aquits patens, trois cens mille livres cy
-        -   -   300000 ℔

Autres Dépenses secretes par
aquits patens, six cens mille livres
cy   -   -   600000 ℔

Dépenses inprévuës par aquits
patens, deux milions cy 2000000 ℔

Prizoniers d'Etat, deux cens
mille livres cy   -   200000 ℔

Dépense extraordinaire sur les
Prizoniers de la Bastille, (cet article est rare) deux milions six
cens mille livres cy   2600000 ℔

Maizon de la Reine en 1725.
au moins deux milions quatre cens
mille livres cy   -   2400000 ℔

Gages de quelques Oficiers de
feuë Madame la Duchesse de Ber-
ry, cent mille livres cy   100000 ℔

Gages de quelques Oficiers de
feuë MADAME, cent mille livres
cy   -   -   100000 ℔

Pensions

Penſions de la Maizon de feu Mr. le Duc d'Orléans, ſix cens ſoixante cinq mille livres cy 665000 ℔

Penſions de la Maizon de Madame d'Orléans, quatre cens cinquante mille livres cy 450000 ℔

Gages de quelques Oficiers de la feuë Reine d'Angleterre, quatre vint mille livres cy 80000 ℔

Penſion de la Maizon de Mr. le Duc de Chartres devenu Duc d'Orléans, cent cinquante mille livres cy - - 150000 ℔

Penſion de Madame laDucheſſe Douairiere, deux cens trente mille livres cy - 230000 ℔

Penſion de Mr. le Duc, cent dix mille livres cy - 110000 ℔

Autre penſion comme Chef du Conſeil de *Regence*, cent cinquante mille livres cy - 150000 ℔

Mr. le Comte de Charolois, cent mille livres cy - 100000 ℔

Madle. de Charolois, cinquante mille livres cy - 50000 ℔

Madle. de Clermont, cinquante mille livres cy - 50000 ℔

Made. la Princeſſe de Conty Douairiere, cent quatre vint mille livres cy - 180000 ℔

Made. la Princesse de Conti, 2me Douairiere, quatre vint mille livres cy   -   -   80000 ₶

Mr. le Prince de Conti, cent mille livres cy   -   100000 ₶

Mr. le Comte de la Marche, soixante mille livres cy   60000 ₶

Madle. de la Roche Sur-Yon, cinquante mille livres cy   50000 ₶

Mr. le Duc du Maine, cent douze mille livres cy   112000 ₶

Mr. le Comte de Toulouse, quatre vint dix mille livres cy 90000 ₶

Mr. le Prince & Mde. la Princesse de Carignan, cent soixante mille livres cy   -   160000 ₶

Total vint & un milions trois cens quatre vint dix sept mille livres cy   -   21397000 ₶

Ordinaire & Extraordinaire des Guerres & Marine en neuf articles, soixante cinq milions deux cens soixante onze mille six cens soixante sept livres.

S A V O I R

Ancien Ordinaire de la Guerre, cinq milions six cens huit mille trois cens vint livres cy   5608320 ₶

Mare-

Marechauſſées, un milion ſept cens vint ſix mille huit cens quarante cinq livres cy   1726845 ℔

Depenſes de la Guerre aſſignées ſur le Taillon, un milion cent trois mille cinq cens trente huit livres cy   -   1103538 ℔

Fortification, un milion cinq cens mille livres cy   1500000 ℔

Artillerie, un milion cinq cens mille livres cy   -   1500000 ℔

Garniſons ordinaires, deux milions cent quarante huit mille ſept cens quatre vint une livre cy
-    -   -   2148781 ℔

Extraordinaire des Guerres en tems de Paix, compris les Penſions, trente neuf milions ſix cens quatre vint quatre mille cent quatre vint trois livres cy   -   39684183 ℔

En 1725. on a augmenté le nombre de Soldats, pour environ quatre milions cy   4000000 ℔

Marine & Galères, compris les Penſions, huit milions cy 8000000 ℔

Total ſoixante cinq milions deux cens ſoixante onze mille ſix cens ſoixante ſept livres cy   65271667 ℔

RENTES, GAGES et CHARGES,

En onze articles soixante quinze milions quatre cens cinq mille deux cens douze livres.

S A V O I R

Rentes sur les Bois, huit cens vint cinq mille cinq cens soixante onze livres cy   -   825571 ℔

Rentes sur les Fermes , quarante quatre milions quatre cens douze mille quatre cens soixante quinze livres cy   44412475 ℔

Rentes sur les Postes , deux milions cent mille livres cy 2100000 ℔

Rentes sur la Taille.

Charges & Apointemens, sept milions cinq cens mille livres cy

-    -   -   7500000 ℔

Rentes perpetuelles , six milions cy   -   6000000 ℔

Rentes Viagères, huit milions cy   -   -   8000000 ℔

Rentes sur la Capitation des vint Generalitez , deux milions cinq cens trente neuf mille cinq cens quatre vint onze livres cy

-    -   -   2539591 ℔

Rentes

Rentes fur les Fourages, deux cens cinquante quatre mille huit cens cinquante quatre livres cy
- - - 254854 ℔

Rentes fur la Taille des Peïs Conquis, quatre cens foixante douze mille fept cens vint & une livres cy - 472721 ℔

Rentes fur la Capitation des Peys Conquis, trois cens mille livres cy - 300000 ℔

Autres Gajes & Rentes, environ trois milions cy 3000000 ℔

Total, foixante quinze milions quatre cens cinq mille deux cens douze livres cy - 75405212 ℔

R E M A R Q U E.

Ces Rentes au denier vint, & ces Augmentations de gages avoient eté reduites à la moitié, c'eft à dire au denier quarante ; & malgré cete banqueroute de la moitié de l'interet, iL en refte encore pour plus de foixante milions par an, toutes de la creation de Louis XIV. Or la Franche-Comté & la Flandre conquife ne raportent pas à l'Etat, tous frais faits, dix milions par an. Ainsi on peut dire que nous avons acheté ces conquêtes douze fois plus qu'elles ne valent, sans la perte des hommes ; pertes que nous n'aurions point faites, si nos Diferens avoient eté terminez par l'etablissement de la Diete Europaine.

Pensions perpetueles & Apointemens en 31 articles, vint milions neuf cens mille trois livres.

S A V O I R

Pensions aux Prémiers Prézidens pour leur table, trois cens douze mille livres cy   -   312000 ℔

Pensions aux Abayes Royales, six cens cinquante mille livres cy

-        -   -   650000 ℔

Pensions aux Coleges & Universitez, cent cinquante mille livres cy   -   -   150000 ℔

Pensions pour les Arts & Manufactures, cent mille livres cy ·

-        -   -   100000 ℔

Pensions aux Academies, cinquante mille livres cy   50000 ℔

Pensions aux Medecins du Roi, deux cens trente quatre mille livres cy   -   -   234000 ℔

Aux

Aux Chevaliers du St. Esprit, trois cens quarante mille livres cy - - 340000 ℔

Aux Chevaliers de St. Louïs, cens quinze mille livres cy 115000 ℔

A l'Opera & à la Comédie, cent mille livres cy 100000 ℔

Apointemens du Grand Etat, un milion deux cens mille livres cy - - 1200000 ℔

Autre Etat d'Apointemens dont on a retranché un quartier, quatre cens quarante mille livres cy - - - 440000 ℔

Gages du Conseil & Apointemens des Grans Oficiers de la Couronne, Chancelier &c. trois cens quatre vint deux mille livres cy - - 382000 ℔

Conseil Privé, trois cens soixante deux mille livres cy 362000 ℔

Apointemens des Marechaux de France, cent huit mille livres cy - - 108000 ℔

Apointemens des Comissaires des diferens Bureaux, trois cens cinquante mille livres cy 350000 ℔

 Apoin

Apointemens & Penſions des Ambaſſadeurs , un milion cinq cens douze mille livres cy 1512000 ℔

Indemnité du Change pour ce qui y eſt ſujet , un milion quatre cens ſoixante ſix mille ſix cens ſoixante ſix livres cy   1466666 ℔

Ligues Suiſſes, cinq cens cinq mille livres cy - 505000 ℔

Change de la-dite ſomme , ſix cens ſoixante treize mille trois cens trente ſept livres cy   673327 ℔

Gouverneurs & Lieutenans Generaux, & Particuliers des Villes & Provinces , ſept cens quatre vint quatorze mille livres cy

-     -   -   794000 ℔

Aux Intendans de Terre & pour leurs tables, ſept cens ſoixante huit mille livres cy   768000 ℔

Aux Intendans de Comerce & des Colonies, un milion cent vint mille livres -   1120000 ℔

Ponts & Chauſſées, quatre milions cy   -   4000000 ℔

Turcies & Levées, quatre cens mille livres cy -   400000 ℔

Haras , cent mille livres cy

•   100000 ℔

Pavé

Pavé de Paris, deux cens huit mille livres cy   -   208000 ℔

Guet de Paris, deux cens cinquante mille livres cy   250000 ℔

Voyages & Vacations, quatre cens mille livres cy   400000 ℔

Penſions Perſonelles, autres que les Militaires, deux milions cinq cens mille livres cy 2500000 ℔

Penſions Perſonelles nouvelles, & Gratifications de cete Anée 1724. un milion quatre cens mille livres cy   -   1400000 ℔

Total vint milions neuf cens mille trois livres cy   20900003 ℔

Premier Chapitre, vint un milion trois cens quatre vint dix ſept mille livres cy   21397000 ℔

Segond Chapitre, ſoixante cinq milions deux cens ſoixante onze mille ſix cens ſoixante ſept livres cy   -   65271667 ℔

Troizieme Chapitre, ſoixante quinze milions quatre cens cinq mille deux cens douze livres cy
=   -   -   75405212 ℔

                Qua-

Quatrieme Chapitre, vint milions neuf cens mille trois livres cy   -   -   209000003 ℔

Total cent quatre vint deux milions neuf cens soixante treize mille huit cens quatre vint deux livres cy   -   182973882 ℔

Revenus, cent quatre vint onze milions ; partant reste environ huit milions, dont on a emploié en 1732. une partie à rembourser les Actions, & une autre partie a peyer des Arrerages, & des Dettes mobiles qui ne portent point d'intérêt.

OBSERVATION IV.

Efets du Discrédit & du Crédit Publiq.

On peut compter entre les terribles efets du discrédit d'un Etat, qu'il ne peut trouver ni à acheter à credit ny à emprunter, qu'à une perte excessive : & sur cela j'ai ouï citer que le feu Roi Louïs XIV. l'anée qu'il mourut en 1715. fut obligé pour avoir huit milions en especes, de doner à un Banquier que nous conoissons tous, pour

vint

vint huit milions de billets à negocier à Gènes, & chez d'autres Etrangers. Quelles prodigieufes pertes ne caufe pas le discredit!

Souvent le feu Roi a eté forcé d'afermer fes revenus à un quart, à un cinquieme moins, pour avoir quelques avances. Ainfi l'on peut dire que la moitié des dettes de la Nation vient du feul discredit, & de l'incertitude du payment regulier de l'interet & du principal: ce qui fait que cent mille francs de capital fur le Roi, à deux & demi pour cent, ou au denier quarante, qui produifent deux mille cinq cens livres de rente, ne fe vendent encore aujourdui que vint cinq à trente mille livres.

EFETS DU CREDIT.

Tandis qu'il etoit inpoffible à la France de trouver à emprunter à une groffe perte, la Nation Angloife empruntoit facilement à quatre ou cinq pour cent d'interet, & elle n'a presque jamais emprunté à un plus haut interet.

OBSERVATION V.

*Moiens dont la Nation Angloize s'est
servie pour conserver son crédit.*

1. Il i a toujours en Angleterre
telle partie des subsides destinée spe-
cialement à peyer l'interet & partie du
principal de telle & telle dette passive
de l'Etat, en sorte que le capital soit
remboursé en tant d'anées. Ces Actions
sur l'Etat s'apèlent Anuïtez, elles se
vendent & se negocient sur la place
comme les autres Actions.   Il i a des
creanciers qui n'ont pu etre rembour-
sez qu'en 40 ans, à cauze des diminu-
tions arivées à ces subsides anuels destinez à leur remboursement.

En 1689. il y avoit encore des dettes passives de l'Etat, contractées sous
la Tiranie de Cromwel, qui etoit mort
trente ans auparavant. Or le peyment
exact de ces dettes passées donne une
forte assurance du peyment futur &
exact des dettes prezentes & avenir.
Je parle cy-après de la bonté de la
Metode Angloise pour emprunter.

2. La Nation Angloise ne change
jamais ses destinations, si ce n'est par

des

des remplacemens qui foient equiva-
lens pour les creanciers de l'Etat, & plus utiles pour la Nation.

3. Quand la Nation Angloife a emprunté à cinq pour cent, & qu'elle voit qu'entre particuliers l'interet eft à quatre pour cent, elle ofre & fait le rembourfement à ceux qui ne veulent pas reduire l'interet à quatre, & elle fe fert pour ce rembourfement de l'argent de ceux qui prêtent alors à l'Etat à quatre pour cent, parceque l'argent etant devenu plus comun, l'interet en devient plus foible.

OBSERVATION VI.

Caufes de la Diminution du Crédit de l'Etat, & Remèdes.

Le Credit de la Nation eft diminué 1. parceque nos Miniftres avant que d'emprunter n'ont pas fait en même tems une augmentation de fubfide tellement proportionée à l'emprunt, que les interets & les capitaux pûffent être peyez & rembourfez en quinze ou vint ans, ou même en trente ans, comme l'on fait quelquefois en Angleterre.
2. Parcequ'ils n'ont pas continué in-

violablement la deſtination de cete augmentation de ſubſide au payment des prêteurs. 3. Parcequ'ils n'ont pas eu l'attention de ſupléer comme en Angleterre aux non - valeurs de la re-cète du ſubſide ainſi deſtiné, lorsqu'il y a eu des non-valeurs.

Cete metode eſt toute ſimple, le prêteur a une Action ſur telle partie du ſubſide de l'Etat, dont l'Etat lui-même eſt garant ; & cete Action ſe peut vendre & acheter ſur la place, comme toute autre Action.

Ainſi il n'i a que deux moïens de retablir le Credit de la Nation. Le premier à l'egard des dettes paſſées; c'eſt d'emploïer tous les ans dix ou douze milions à rembourſer des capi-taux, à un dixieme de plus que le prix de la place.

Le ſegond, à l'egard des emprunts futurs ; c'eſt de ſuivre la metode de la Nation Angloiſe, augmenter tel ſub-ſide que l'on ſupoſe general & propor-tioné, & deleguer cete portion d'aug-mentation pour peyer en tant d'anées le capital & l'interet de l'emprunt.

OB-

OBSERVATION VII.

Sur la nature des revenus des Fermes du Roi.

J'ai fait imprimer divers Memoires, pour montrer les moïens de faire ceſſer les disproportions ruineuzes de la repartition de la taille & de la capitation. J'ai montré auſſi que le ſubſide le plus proportioné, le moins onéreux, le moins couteux, & le plus facile à recouvrer, c'eſt celui qui ſe lève, dans les grandes villes & autres lieux fermez par des barières, ſur les denrées qui ſe conſoment. Je me réduis ici à faire quelques obſervations ſur les ſubſides qui doivent être afermez, & à quelles conditions ils doivent l'être.

Il i a en France de pluzieurs eſpeces de ſubſides. Le premier eſt celui qui ſe lève ſur le revenu : celuy-là s'exige par contrainte, & par ſaiſie des biens de l'inpozable qui néglige de peyer ſon inpozition, & qui faute de payment eſt obligé à peyer les frais des ſaiſies & de ventes de ſes biens.

Ce ſubſide eſt dificile à lever: tel eſt le ſubſide de la Capitation, tel eſt

le subside de la Taille. Il ne faut pour
ces subsides que des Régisseurs à forfait, qui aïent soin de faire les frais
pour lever l'inpozition. Car supozant
l'inpozition proportionée au revenu
du redevable, le recouvrement en est
fûr.　Aussi nos Receveurs Generaux
des Finances n'ont bezoin que de certaines remises, pour faire les frais de
la recete ou du recouvrement.

La segonde espece de subside est
celui qui ne se lève ni par contraintes,
ni par saisies, ni par ventes forcées,
ni par la crainte des frais des Oficiers
de Justice qui font les ventes forcées.
Il se leve *volontairement*, & à proportion de l'avantage que le peyeur du
subside en reçoit. Vous reçevez une
lettre de la Poste, une caisse du Messa-
ger, vous peyez à proportion du poids
du paquet. Vous avez bezoin de papier, de parchemin marqué, vous peyez
à proportion que vous en employez.
Vous avez bezoin de telle charge qui
est aux parties casuelles du Roi, elle
est fixéé à tel prix, l'achete qui veut.
Vous avez bezoin d'un tel contract
d'aquisition, vous peyez les droits du
controlle, du centieme denier. Ces

ſubſides ſont volontaires & proportionez: & ce qui eſt inportant, ils ſont
tels qu'il n'i a aucune vexation à craindre, ni de la part des Oficiers du Roi,
ni aucune fraude à craindre pour le
Roi de la part du Particulier.

La troiſieme eſpece eſt à la verité
un ſubſide volontaire & proportioné,
mais il eſt ſujet à fraude de la part du
Sujet, qui veut ſe ſouſtraire injuſtement
au payment entier des droits, que peyent
les autres Sujets juſtes & non-fraudeurs:
car le fraudeur fait réellement retomber ce qu'il ote au Roi ſur ſes Concitoyens. Tel eſt le ſubſide du Sel, le
ſubſide du Tabac, ils ſont volontaires
& proportionez. On peye a proportion que l'on en conſome : mais la
grandeur du prix fait qu'il y a des
fraudeurs, des faux ſauniers, & de
faux tabaquiers, qui vendent à meilleur marché. Ils ſont condanables, &
ſouvent condanez : mais ceux qui achè-
tent d'eux ſont auſſi fraudeurs, & par
conſequent condanables, en ce que
ſans de pareils acheteurs frauduleux,
il n'y auroit point de pareils vendeurs
frauduleux.

L'in-

L'injuftice envers leurs Concitoyens ne feroit pas dificile à leur démontrer par les Curez, & par les Predicateurs : & ils devroient montrer toutes ces fortes de fraudes comme très-injuftes, & par confequent comme très-odieuzes, & très-puniffables dans cete vie & dans la vie future. Car n'eft-il pas certain que fi par de pareilles fraudes les revenus de l'Etat font diminuez de dix milions par an, le Roi pour fubvenir à peyer les charges & les depenfes neceffaires de l'Etat, eft forcé de lever ces mêmes dix milions fur fon Peuple? Ainfi ce n'eft pas proprement le Roi qui eft fraudé, qui eft volé par les fraudeurs ; ce font réellement les Peuples, les uns pauvres, les autres riches, qui font volez par toutes leurs fraudes.

Le droit de tenir cabaret à charge de peyer tant par tonneau de confomation, eft de même fujet à fraudé par le cabaretier. Le droit fur les beftiaux, & fur les autres denrées & marchandizes, eft un fubfide volontaire & proportioné : mais il eft fujet à la fraude, tant de la part des Comis pour reçevoir le droit, que de la part

de

de ceux qui font obligez de le peyer.

Or tous les droits fujets à fraude demandent neceffairement plus d'hommes fufizament intéreffez à decouvrir les fraudes, & à faire punir fufizament les fraudeurs, ce qui ne fe peut faire qu'en donant de pareils droits à ferme & à forfait; parceque l'efpérance du gain jointe à l'honeur de fe diftinguer dans fa compagnie, fait agir bien plus vivement les Fermiers qui prenent à forfait, que l'honeur feul de bien faire fon emploi. Et c'eft ainfi qu'en uzent les Holandois, qui donent à forfait les droits de la Republique, dans telles & telles Paroiffes, au plus ofrant.

Ainfi je fuis de l'avis de ceux qui croient que de pareils droits vont tous les jours en diminuant, & les frais de régie en augmentant, entre les mains de fimples Régiffeurs comptables. C'eft qu'en cète qualité ils ne voudroient jamais prendre chacun dans fon emploi toute la peine néceffaire, & fe faire autant d'enemis qu'il le faudroit pour prevenir les fraudes, & faire punir rigoureuzement les délinquans. Ainfi il eft à propos d'afermer ces droits à forfait au plus ofrant & dernier

en-

enchérisseur, sur quoi il i a quelques observations à faire.

1. Les petites fermes qu'un seul homme peut faire valoir, & qui sont telles que beaucoup de persones solvables peuvent enchérir, sont celles qui sont les plus faciles à être portées à leur veritable valeur : souvent l'encherisseur se contente d'un sou par livre de profit.

2. Il est par conséquent de l'interêt du Roi, que tous les subsides en droits soient réduits en plus grand nombre de petites fermes qu'il est possible. C'est que non seulement les droits sont portez au plus haut, c'est à dire à un vintième prez du produit efectif ; mais c'est que la grande multitude d'ajudicataires d'un même droit dans une Election, sont autant de gardes très-vigilans contre les fraudeurs, & des gardes qui ne coutent rien à la Nation : de sorte que le métier de fraudeur s'aboliroit insensiblement, si les fermes étoient sufizament subdivizées. Et telle est l'habileté du Gouvernement des Holandois : leurs Intendans réduizent autant qu'ils peuvent les fermes en petites fermes, & c'est ce qui fait qu'il i

y

y a très-peu de fraudeurs, & que les droits fur la bière & autres boiffons produifent un fi grand fubfide.

3. Il feroit à propos qu'il y eut dans chaque Generalité une compagnie de Fermiers Generaux, à peu prez du même nombre que d'Elections, & que cète compagnie eut fon corefpondant à Paris. Ces Fermiers Generaux des Aides & Gabelles iroient dans chaque Election de leur Generalité, afin d'afermer leurs droits à des Soufermiers pour telles & telles Paroiffes.

Je fupoze que par une régie de deux ou trois ans, le Miniftre des Finances ait vu que ces droits bien adminiftrez peuvent produire telle fomme dans telle Generalité, anée comune; il eft de l'interêt du Roi d'afermer les Generalitez, non comme les dernieres petites foufermes à fimple forfait au plus ofrant, mais 1. par le prix le plus bas que la regie en a fait tous frais faits, afin que les Fermiers n'i puiffent jamais perdre. 2. A condition qu'ils auront des apointemens reglez. 3. A condition que celui d'entre eux qui rézidera à Paris aura le double, & des Comis peyez à proportion du travail.

4. A condition que ce qu'ils reçevront de la Ferme Generale au-delà du prix fixe, ils en auront la moitié à leur profit, & l'autre moitié au profit du Roi; ce qui ſe règlera par le rezultat de leurs recètes particulieres.

5. De cete maniere ils ne pouront jamais faire des fortunes immenſes, au préjudice du Publiq & du Roi: parceque ce marché aura d'un coté l'avantage d'une Regie comptable, où l'on verra clair; & de l'autre il aura l'avantage du Forfait, qui conſiſte à intéreſſer fortement ceux qui regiſſent à mettre en pratique tous les moïens poſſibles pour diminuër les frais de la Regie & les fraudes, & pour augmenter le produit de la Recète.

6. Avec cete eſpece de Regie à forfait ou de Ferme comptable, le Miniſtre ne ſera point embaraſſé de former diverſes compagnies de Fermiers pour enchérir l'une ſur l'autre, parcequ'il n'eſt pas neceſſaire d'être riche pour recevoir d'une main & peyer de l'autre. Il ſufira que ces Compagnies ſoient formées de commis les plus intelligens, les plus ſages, les plus economes, & les meilleurs travailleurs:

&

& comme ils conoiſſent mieux entre eux les talens & les qualitez les uns des autres, il feroit à propos, quand le Miniſtre, ſur l'avis de l'Intendant des Finances, en auroit choizi quatre des plus eſtimez, que ces quatre en choisîſſent un cinquieme, & ces cinq un ſixieme, & ainſi de ſuite.

OBSERVATION VIII.

Département des Quatre Intendans des Finances.

La fonction d'un General-d'Armée n'eſt pas tant de combatre, que de faire bien combatre toutes les parties de ſon armée. Auſſi la fonction du Chef des Finances n'eſt pas tant d'examiner les afaires en détail, que de les faire bien examiner par ceux qui ſont prépoſez à ces divers examens, & qui lui rendent compte de leur travail, chacun dans ſon departement.

Le Miniſtre des Finances d'un grand Etat ne peut pas tout voir, tout lire, tout calculer, tout examiner par lui-même, ſurtout dans les afaires conten-tieuſes, où il s'agit de rendre juſtice, ou entre le fermier & le ſoufermier,

ou entre le fermier du Roi & le citoyen.   Il ne peut pas par lui-même
ni examiner, ni arèter tous les comptes des comptables.   Il a donq bezoin
du travail d'oficiers habiles, & qui par
leur interêt soient entièrement inco-
ruptibles par les comptables ; afin qu'il
puisse se fier à leur raport, & croire
qu'ils ont vu & examiné *eux-mêmes* les
faits qu'ils raportent ou à lui, ou au
Conseil.

A cète ocasion je remarquerai un
fait que je viens d'aprendre. C'est que
les jeunes Maitres des Requêtes se
plaignent, & ce semble avec raizon,
de ce que le Controleur General des
Finances de France ne leur donne pas
certains memoires , certains comptes
à examiner en même tems qu'à leurs
commis. Car 1. comunément les Maitres des Requêtes riches ont eu plus
d'éducation, que les Commis. 2. Un
Commis qui sauroit que son avis sera
examiné lui-même par un Maitre des
Requêtes, sera beaucoup moins cor-
ruptible, & formera son avis avec plus
d'exactitude : ce qui est une raizon
décizive, surtout si le Ministre donne
en secret le procez entre le Roi & le
comp-

comptable, ou le projet propozé par
l particulier à examiner à fon Commis,
& enfuite à un Maitre des Requêtes.
Les Miniſtres ne ſauroient trop emploïer de moïens pour découvrir avec
ſûreté la verité, la juſtice, & le parti
le plus avantageux à l'Etat. ſurtout
en matière importante. Les Hommes
en general ont bezoin d'avoir un Contrôleur, pour ſoutenir leur probité ;
& puis deux egaux voyent mieux qu'un
ſeul, & l'on forme ſon avis avec plus
d'atention, & par conſéquent avec plus
de juſteſſe, quand on ſait qu'il doit
être examiné.

Les Raporteurs en matière de Finances s'apèlent en France, Intendans
de Finances. Il n'i en avoit originairement que deux, ils étoient trop
chargez, ils ne pouvoient pas tout voir,
ainſi ils étoient forcez de s'en raporter à leurs commis. On les a multi-
pliez avec raiſon, mais leurs commis
ſont encore trop maitres. Ils auroient
bezoin d'un bureau de ſix Maitres des
Requetes , auquel l'Intendant prézi-
deroit; parceque le poinct principal eſt
que les Intendans des Finances ſoient
eux-mêmes ſoulagez par des Oficiers,

& qu'ils ne confient point à leurs comis ſeuls l'examen des chozes inportantes, qu'ils donnent pour conſtantes au Miniſtre & au Conſeil des Finances : & comme l'examen du Miniſtre, & l'examen du Conſeil ne s'examine plus à la Chambre des Comptes, ſi ce n'eſt pour la forme, il eſt à propos que ce premier examen des Finances ſoit très-exact.

Je croi que dans le Miniſtère de la Guerre, où il y a de ſi groſſes depenſes, & des comptes très-inportans à examiner, il faudroit auſſi un Bureau de Maitres des Requêtes, & un Intendant des Finances qui prézidat à ce Bureau. Voici les quatre Départemens des Afaires de Finances, tels qu'on pouroit les arranger en France. Ces arangemens ne ſont pas ſi indiférens que l'on penſe.

Prémier Département du Miniſtère des Finances en France.

Direction des Fermes Generales.

Le Bail des Fermes Generales contient.

Le ſubſide des Gabelles, ou les droits que le Roi lève ſur le ſel.

Le

Le subside des cinq grosses fermes, ou droits d'entrée dans les ports.

Le subside sur les Aides, ou entrées des boissons dans les villes.

Les Domaines.

Le papier marqué.

La ferme des suifs.

Les amortissemens & francs fiefs.

Les controles & insinuations des actes.

Les Greffes.

Le même Intendant & les membres de son bureau doivent encore avoir la direction des etats des dépenses qui se peyent sur le bail des Fermes Generales, & l'examen des comptes de dépense.

Le soin de faire peyer aux créanciers de l'Etat les rentes sur la ville, & autres rentes passives de l'Etat, qui sont deleguées sur les fermes, & l'examen des comptes des peyeurs de la ville.

Il a aussi la direction des droits sur le Tabac.

Segond Département du Miniſtère des Finances.

L'Intendant des Finances a la direction du ſubſide de la Taille & du Taillon ſur les non-nobles.

Plus, la direction des dépenſes que l'on prend ſur les tailles.

Le ſubſide de la capitation ſur les nobles & privilégiez.

Le ſubſide du dixième de retenuë.

Le ſoin de faire remètre des fonds au Trézorier des ponts & chauſſées.

Le ſoin de faire remètre les fonds au Trézorier de la guerre.

Le ſoin de faire remètre les fonds au Trézorier de la marine.

Troiſieme Département du Miniſtère des Finances.

L'Intendant des Finances a la direction du ſubſide du Clergé,

Du ſubſide des Etats de Languedoc,

Du ſubſide des Etats de Béarn & Navarre,

Du ſubſide des Etats de Provence,

Du ſubſide des Etats de Bourgogne,

Du ſubſide des Etats de Bretagne,

Du

Du subside des Etats d'Artois,
Du subside de Flandre,
Du subside d'Alzace,
Du subside de la Franche-Comté.

J'espère qu'un jour le subside du Clergé sera confondu & réuni aux autres subsides, & qu'il ne fera plus un subside separé.

J'espère aussi qu'il n'i aura plus d'Etats de Provinces, & que les subsides seront uniformes, proportionels, universels. Il faut epargner aux Provinces les frais des Etats, & traiter les Provinces pour les subsides sur la même proportion par raport à leur revenu ; & que si l'une peye le cinquieme, ou quatre sous pour livre, de son revenu, toutes les autres peyent à proportion quatre sous pour livre du leur.

Quatrième Département
du Ministère des Finances.

L'Intendant des Finances a la direction

Du subside du droit anuèl & parties casuelles des Oficiers des Parlemens, & autres Compagnies.

Du subside de la fabrication des Monoyes.

Du

Du subside des Postes.

Du subside des Poudres & Salpêtres.

Du subside du Domaine d'Occident, ou des Iles Françoises d'Amérique.

Du subside des Bois du Roy.

Du subside des Inspecteurs aux boissons, des Courtiers & Jaugeurs, des Inspecteurs des boucheries, & autres droits i joints.

Du subside des Huiles.

Des debets qui sont à la poursuite du Contrôleur des rentes.

Le soin de faire observer l'Ordonance sur les Eaux & Forêts.

La direction des Octrois en faveur des Villes.

Du subside des Inpots, & Billots de Bretagne.

Direction des Dettes des Communautez Seculieres.

Nous avons six Intendans des Finances, on peut les reduire à quatre, mais il faudroit que chaque Intendant ne fût que la Président d'un Bureau de six ou sept Maitres des Requêtes.

OB-

OBSERVATION IX.

Bureaux consultatifs de chaque Intendant des Finances.

Ce seroit un grand soulagement pour le Ministre de la Finance d'avoir à son ordre quatre Bureaux, composez de gens laborieux, habiles, qui aiment leur reputation, choizis au Scrutin, qui lui éclairciroient les afaires longues, obscures & dificiles, & qui seroient pour ainsi dire les garans des jugemens qu'il fait rendre au Conseil de Finance.

Ce seroit même un grand avantage pour l'Etat, d'avoir une pepinière d'hommes parmi lesquels on pût choizir selon le besoin un bon Intendant, un bon Ministre des Finances. Mais il seroit à souhaiter 1. que les quatre Intendans ou Directeurs des Finances raportassent eux-mêmes les afaires au Conseil des Finances, mais qu'ils les raportâssent auparavant au Ministre des Finances ; parcequ'il faut qu'il ait le loisir d'y penser, & de faire diférer le jugement. 2. Il est juste que le Ministre des Finances ait deux voix

au

au Conseil de Finance où il prézidera.
Car il seroit ridicule, & du dernier
ridicule, de faire prézider à ce Conseil un Homme de Guerre, un Maréchal de France, c'est à dire un Ecolier
en fait de Finance.

Je demande que ces quatre Intendans raporteurs, chacun sur les matières dont ils sont chargez, fassent une
observation à chaque arrêt qui se rend
à leur raport, pour montrer ce qu'il
faudroit ou ajouter, ou corriger à la
Loi, pour faire éviter *par une décizion
generale* pareil procez que celui qu'ils
viennent de juger.

Qu'ils fassent ensuite un recueil de
ces observations, & des raisons pour
& contre; afin de les communiquer
en particulier aux membres du Conseil, recevoir leurs objections, faire
leurs reponses, & raporter ensuite le
tout au Conseil assemblé pour y former
des décizions generales qui puissent se
rendre publiques, & faire ainsi cesser
par la publicité de ces décizions autant
de sources de doutes & de procez.

Je propose que les quatre Intendans,
ou plutot les quatre Directeurs de Finances, passent après trois ans d'un
Dé-

Département à un autre, pour avoir ocazion de s'inſtruire également de toutes les matières de Finances, & pour devenir capables d'être un jour choizis par le Roi ſur l'avis du ſcrutin pour Controleur General, c'eſt à dire pour Miniſtre & Prézident du Conſeil de Finances.

OBSERVATION X.

Une Paix perpetuèle & inalterable doubleroit les revenus domeſtiques du Roy.

On peut facilement démontrer que le vrai intérêt du Roi comme de tout particulier, eſt d'uzer de modération dans ſa dépenſe: mais je dirai ici en paſſant que le revenu domeſtique du Roi d'Angleterre, ou d'un autre Souverain, augmenteroit du double, ſi les Princes d'Europe ſignoient les cinq articles fondamentaux de la Diète Europaine ; parcequ'elle produiroit une paix inaltérable en Europe, & augmenteroit par conſequent leur ſeûreté, & leur doneroit le moïen d'épargner la dépenſe des trois quarts de leurs troupes ordinaires ; depenſe qu'ils pourroient facilement emploïer, un quart

au

au profit de leur dépenſe domeſtique, un quart au rembourſement des dettes de l'Etat, & moitié en dépenſes utiles à l'Etat, à faire des pavez, des ponts, des ports, des colèges, des académies, des colonies &c. J'en ai parlé amplement ailleurs.

OBSERVATION XI.

Regularité du payment des Charges Anuèles.

Il faut que le ſubſide anuèl ſoit ſufiſant pour aquiter *regulierement* les charges anuèles de l'Etat, de ſorte que perſone n'attende ſon payment, pas même un ſeul jour. Car cete *regularité* contribuë infiniment à mettre les capitaux des Efets Royaux en valeur. Mais pour mettre la dépenſe au niveau de la recète, il i a deux moïens : le premier, c'eſt de diminuër la dépenſe de l'Etat par une Chambre de Juſtice : le ſegond, c'eſt d'augmenter le ſubſide anuel, ce qui fait crier contre le Gouvernement, quand les ſujets d'augmentation ne ſont ni juſtes ni evidens.

Un Roi pour peyer regulierement, doit, comme un particulier, mettre tous
les

les ans le dixieme de ſon revenu en re-
ſerve, jusqu'a ce qu'il ait une anée de
ſon revenu dans le Treſor Roïal, pour
ſubvenir aux bezoins preſſans, impre-
vus, & pour n'avoir plus bezoin d'emprunter à gros intérêt les avances des
Fermiers & des Traitans.

OBSERVATION XII.

Penſions.

Il eſt convenable de retrancher des
penſions, lorsqu'elles ſont de pures
graces ; car avant que de faire des graces, il faut faire juſtice. Il faut peyer
les rentes & les apointemens, ou certaines penſions qui tiennent lieu d'a-
pointemens & de recompenſes ; parceque ce ſont des dettes, & qu'il eſt juſte
de peyer ce que l'on doit, avant que
de donner ce que l'on ne doit pas :
& il n'eſt pas juſte de créer de nouveaux ſubſides ſur les uns, pour en faire
des prezens aux autres,

OBSERVATION XIII.

Il n'i a que deux raiſons pour augmenter les Subſides.

Les Princes ont aſſez de prétextes & de raizons de fantaiſie, mais ils n'ont efectivement que deux raizons ſufizantes pour augmenter les ſubſides anciens, ou pour en créer de nouveaux. La premiere, c'eſt la guerre, & la conſervation des biens des familles des citoyens. La ſegonde, c'eſt lorſque cete augmentation de ſubſide doit être emploïée à des ouvrages, ou à des dépenſes qui raportent anée comune à chaque citoyen un intérêt au moins de cinquante pour cent, cinquante ſous pour cent ſous, qu'il peye de ce ſubſide.

Nos parens agiſſent en bons peres de famille, quand ils nous font acheter par un petit mal paſſajer, par des ſoins, par des peines, par des travaux mediocres & courts, des biens de plus de durée & plus grans, & des revenus beaucoup ſupérieurs aux peines. Cela prouve que le Roi en uze en bon pere envers ſes peuples, quand il leur de-

demande des avances, des contributions anuèles, pour leur procurer un
plus grand revenu anuèl, que celui
qu'ils tireroient du ſubſide qu'ils
peyent.

Celui qui laboure & qui ſème en
uze ſajement, quand il fait des avances qu'il retire, tous frais faits, avec
un gain de trente pour cent. C'eſt
par conſequent procurer un grand
avantaje au peuple, lorsque le Roi lui
fait faire des avances, dont il doit retirer cinquante ou ſoixante pour cent,
& quelquefois cent pour cent, trois
cens pour cent.

OBSERVATION XIV.

*Le Subſide ordinaire doit être plus fort
d'un ſixième, que la Dépenſe ordinaire.*

Il eſt à propos que l'état de la dépenſe anuèle projetée ſoit moindre
d'un ſixieme, que l'état du recouvrement du revenu anuèl projeté : En
voici les raizons.

1. Parcequ'il i a toujours des non-
valeurs ſur le recouvrement réel des
diférens revenus publiqs.

2. Parcequ'il i a toujours des augmentations de dépenſes, au-delà de ce que la plus grande prudence peut prevoir.

3. Parcequ'il eſt à propos d'emploïer au moins un dixieme du revenu, pour aquiter peu à peu les capitaux des dettes de l'Etat, & pour peyer regulierement le courant; afin de conſerver le crédit de l'Etat, pour les emprunts futurs qui ſont neceſſaires en tems de Guerre.

4. Parcequ'il faut emploïer tous les ans au moins un vintieme de revenu, pour des depenſes qui raporteront aux ſujets, au moins cinquante, ou même cent pour cent par an.

5. Parceque cète précaution épargnera au Roi des interêts fort onéreux de dix pour cent, & quelquefois davantage, qu'il peye aux Fermiers pour leurs avances.

OBSERVATION XV.

Trois excez dans les Subſides.

Il i a trois manieres de ruiner le Peuple: la premiere par une inpoſition generale, exceſſive par raport à ſon revenu anuèl. Cela arive lorsqu'on ne laiſſe pas à l'inpozable les moïens de faire ſubſiſter ſa famille ſelon ſa condition, & les moïens de continuër ſon comerce.

La ſegonde par la diſtribution disproportionée d'une inpoſition mediocre en elle-même pour le total des ſujets, mais exceſſive par raport à un grand nombre de ſujets non protegez, qui ſe trouvent oprimez par la disproportion exceſſive.

La troiſieme par la précipitation du recouvrement, en demandant au Peuple un payment trop promt, ce qu'il ne peut peyer que par parties le long de l'anée, à mezure qu'il reçoit ſes revenus. Or le Souverain qui ruine ſes peuples, ruine ſes propres debiteurs, qui doivent peyer ſon revenu domeſtique, & le revenu de l'Etat.

Il n'i a point de disproportion à craindre dans le ſubſide qui ſe lève ſur les denrées à l'entrée des Villes, parcequ'il ſe lève à proportion de la conſomation que chacun fait, & par conſequent à proportion de ſon revenu: perſone n'y eſt jamais ruiné par les frais, par la malice & par les injuſtices des

 autres

autres ; mais seulement par sa propre inprudence, pour n'avoir pas le courage, la force, le bon sens necessaires pour proportioner sa dépense anuèle à son revenu anuèl.

Le subside de l'Etat ne se peut lever par des droits d'entrées dans les villages qui ne sont point fermez de barières, mais on l'y lève sous le nom de Taille. Il a eté jusqu'ici sujet à une repartition ruineuze, & très-disproportionée surtout dans les peys d'Election.

OBSERVATION XVI.

Proportion dans la repartition du Subside.

Les Peuples en general peyent les subsides sans murmurer, 1. quand ils peyent ce qu'ils ont coutume de peyer. 2. Quand tous peyent en proportion de leurs revenus. 3. Quand ils savent avec certitude que ces subsides sont emploïez en entier pour peyer les charges de l'Etat, parcequ'ils les regardent comme leurs propres charges ordinaires. 4. Ils peyent même volontiers l'augmentation nouvelle des subsides,

sides , quand ils peuvent croire que cent sous leur raporteront tous les ans cinquante sous ou cent sous de rente, ou la valeur en comoditez.

Mais quand les Sujets voient que le Souverain fait de grans bâtimens qui leur sont inutiles, qu'il fait des liberalitez excessives, & d'autres dépenses extraordinaires qui ne leur raportent aucun profit ; & quand ils n'ont aucune seûreté que les deniers qu'ils peyent d'extraordinaire sont tous employez à leurs propres afaires ; quand les comptes de recète & de depense ne sont point rendus publiqs, ils s'imaginent avec fondement que le Roi est prodigue à leurs dépens, ils crient, ils murmurent souvent avec quelque raizon, & se mettent à haïr le Gouvernement & ceux qui gouvernent. Or cète haine publique est le commencement des murmures , & les murmures donent naissance aux revoltes.

Je dis qu'ils murmurent souvent avec raizon , parceque le Roi lui-même murmureroit avec raizon s'il étoit né sujet d'un Prince semblable , qui dépenseroit mal à propos les revenus du Publiq.

<table><tr><td>D 4</td><td>Le</td></tr></table>

Le Peuple n'a jamais rien à craindre d'un Prince équitable, & il eſt équitable quand il a ſoin de ſe demander à lui-même, lorſqu'il augmente un ſubſide : *Voudrois-je, ſi j'étois ſujet que le Roi en uſât ainſi avec moi, & qu'il me demandât ce ſubſide pour telle dépenſe ?* Voudrois-je qu'il ne rendît jamais une ſorte de compte au Publiq du revenu publiq ? Car pour ſon revenu domeſti-que, que l'on apèle en Angleterre le revenu de la Liſte Civile, il ne ſeroit pas raizonable de dézirer qu'il en ren-dît aucun compte à perſonne.

OBSERVATION XVII.

Diminuër le nombre & la qualité des Subſides Particuliers, en augmentant la quantité des Subſides Generaux.

Je propoze de diminuër le nombre des Droits, & par conſéquent le nom-bre des Commis, en augmentant la taille, la capitation, les entrées, les droits ſur le papier marqué, ſur les actes des Notaires &c.

Ceux qui peyent les droits d'Aides & de Gabelles, ne ſont-ce pas les fa-milles Nobles, Roturières, & Bour-
geoiſes,

gcoifes, qui peyent la taille, la capitation dans les villages, & la capitation & les entrées dans les villes, le papier marqué, & les actes des Notaires? Or ne pouroit-on pas augmenter la taille, la capitation, & les entrées de la fomme que produizent au Roi les Aides, la Gabelle, le Tabac, & les autres Droits, & fauver ainfi aux Sujets la grande dépenfe des gardes contre les Fraudeurs &c?

La propozition paroit bien fondée, & tend à fimplifier les Subfides, & à diminuër le nombre des Comis & les autres frais de recouvrement. Si l'execution a fes dificultez, c'eft peut-être moins dans la chofe que dans la maniere de tout aranger, & cela faute d'un Bureau pour lever peu à peu ces dificultez. Mais la propozition merite d'être examinée & receuë, fi la poffibilité & l'utilité en font bien demontrées, & les objections folidement refutées.

OBSERVATION XVIII.

Fixer les Penſions dans chaque Miniſtère.

Je ſupoſe que chacun des trois Miniſtères particuliers ait une ſomme à diſtribuër par an en penſions, & qu'il n'i ait par conſéquent dans l'Etat qu'une certaine ſomme de penſions à diſtribuër.

D'un coté il eſt raizonable que ceux qui ont droit à la penſion atendent qu'il en vaque, & de l'autre il n'eſt pas juſte que les pauvres familles peyent des penſions à des perſones qui ne leur ont procuré aucun avantage, aucun profit plus grand que les autres Oficiers, qui ſont ſufizament peyez par leurs apointemens ordinaires. C'eſt que le fondement de tout ſubſide que l'Etat lève ſur les familles particulieres, c'eſt ou le mal dont ce ſubſide les garantit, ou le nouvel avantage que ce ſubſide leur a procuré.

Si les maux dont le ſubſide les exemte, ſi les biens qu'il leur procure, ne valent pas le ſubſide ; & ſi chaque ſujet pouvoit tirer plus d'avantages du non-payment que du payment de tel ſubſide,

de, ou de telle augmentation du fubfide, ce fubfide feroit injufte. Ce n'eft
pas un fubfide digne d'un bon Roi,
c'eft un fubfide digne d'un Tiran, qui
facrifie fes fujets & leur bonheur pour
fatisfaire fes fantaizies.

Que fait un Voleur en volant un citoyen? Il fe fert de la fuperiorité de
fes forces, pour envahir le bien des
autres. Le Voleur eft un petit Tiran,
comme le Tiran eft un grand Voleur.
Telle eft la raizon, tel eft le fondement de tout Subfide jufte.

On peut diftribuër quatre fois par
an les penfions qui vaqueront : mais
pour faire un état certain des charges
anuèles, il eft à propos que l'état des
penfions foit fixé à une fomme certaine, & que les penfionaires futurs
attendent qu'il vaque des penfions,
& qu'ils foient élus par le Scrutin de
trente pareils, à la pluralité des voix.

OBSERVATION XIX.

*Adition à l'Ouvrage fur l'Académie
Politique &c.*

1. L'Académie Politique de France,
felon fes diferens bureaux, examinera

les

les projèts pour perfectioner les reglemens qui feront faits fur chaque matiere de Finance, pour rectifier les anciens articles, & pour i en ajouter des
nouveaux ; rejètera les mauvais, & ren-
voira les bons projets rectifiez aux diferens Bureaux du Confeil, fuivant
leurs diferentes matieres.

2. Elle aura foin de faire réinprimer
tous les dix ans les reglemens, & d'en
faire faire deux éditions, l'une fans
motifs, & l'autre motivée.

Il eft vrai qu'il feroit à dézirer que
les reglemens fûffent moins inparfaits,
& qu'on ne pût rien trouver ni à i
ajouter, ni à i coriger en cent ans.
Mais il n'eft pas poffible qu'ils ne tiennent de la nature des hommes qui les
font, & dont les lumieres font bornées.
Il eft neceffaire que la raizon d'une
Nation aille toujours en croiffant par
les nouvelles reflexions, & par les nouvelles experiences des enfans qui ont
profité des lumieres de leurs peres ;
furtout lorfque la Nation n'en eft em-
pêchée, ni par les Guerres Civiles, ni
par les Guerres Etrangeres, ni par la
tiranie de la Superftition, ni par la ja-
louzie des Miniftres mauvais citoyens.

3.

3. Elle fera inprimer de tems en tems les Memoires qui ont eté recompenſez, après avoir eté reformez par le Bureau ; & cela pour ſervir d'inſtruction à ceux qui voudront étudier ces matieres.

Il faut doner aux Etudians toutes les facilitez poſſibles pour aprendre ce qui eſt demontré, & pour inventer. Car ce ſont ces Etudians qui doivent un jour peupler l'Académie, par le ſcrutin entre leurs pareils.

De cète ſorte il ſera facile à tout homme qui voudra avoir conoiſſance generale de toutes les parties de la Politique, d'acheter le Recueil Politique de chacun des trois Miniſteres particuliers, ce qui lui compoſera une biblioteque complete de Politique.

Comme ces Recueils feront inprimez à peu prez tous les dix ans avec diverſes augmentations, & diverſes corections, produites tant par les nouvelles reflexions que par les nouvelles expériences ; on verra d'un coté les progrez ſenſibles de la Raiſon Humaine, & de l'autre on ſentira que le Gouvernement devient tous les jours plus éclairé pour augmenter la felicité des Peuples.

4.

4. Les Bureaux du Conseil auront foin de perfectioner la metode du Scrutin. Ce perfectionement confiste en trois poincts. 1. A étendre cète metode à toute forte de choix. 2. A faire en forte que les Nominateurs fe conoiffent entre eux, le plus qu'il eft poffible. 3. A propozer de faire de nouvelles claffes inférieures, pour mieux remplir par âge, *& par degrez de merite*, les claffes fupérieures.

Le Miniftre des Finances, avec le fecours des Bureaux des Intendans des Finances qui le foulageroient des Afaires particulieres, auroit beaucoup plus de tems à penfer aux Afaires generales. C'eft qu'il auroit pour ainfi dire à fon fervice toute l'intelligence, le travail, & l'autorité de ces diférens Bureaux. On peut en dire autant des autres Miniftres, qui auroient pareils Bureaux confultatifs.

Quand il fera venu au Miniftre des Finances quelque vuë pour le bien publiq, dont il n'aura pas le loizir d'examiner toute l'utilité, ni les moïens les plus faciles de l'exécuter; il poura la doner à l'Intendant des Finances, qui fera prefident du bureau de la matiere,

pour

pour la faire aprofondir par quelque membre du bureau, qui en fera alors honeur à l'inventeur. Mais fi le Miniftre pretendoit avoir l'honeur de tous les bons projets des autres, il ôteroit tout d'un coup le principal reffort des efprits excèlens de tout le Roïaume, au grand prejudice du Roi & du Publiq.

OBSERVATION XX.

Membres de l'Academie Politique.

Il faut imaginer l'Etabliffement des Academies Politiques & des Bureaux du Confeil, comme une route ouverte à tous les efprits fupericurs, apliquez à l'étude de la Politique pour aquerir de la confideration & du revenu : mais je fupoze que le Gouvernement nous delivre peu à peu de la venalité des Charges.

J'ai indiqué ailleurs quelques metodes pour diminuër dans le Gouvernement de France le mal que cète venalité y cauze, en fixant le prix des Charges, & introduizant un choix entre les Concurrens, comme on fait déja à l'égard des Compagnies & des
Re-

Regimens dans les Emplois Militaires.

Je suis de l'avis de ceux qui croient,
qu'en fait d'Oficiers il est à propos
qu'ils soient choisis plutôt entre les
riches qu'entre les pauvres, mais non
pas uniquement entre les plus riches;
car il i auroit trop peu à choisir, ce
qui seroit un grand inconvenient.

Il y a une furieuze distance par raport au Bien Publiq entre homme &
homme, entre un homme très-labo-
rieux, très-apliqué, très-intelligent,
& très bon citoyen; & entre un homme médiocrement intelligent, médiocrement laborieux, & médiocrement
bon citoyen quoique riche, surtout
dans un Emploi considérable.

OBSERVATION XXI.

*Sur les Arrêts du Conseil de 1716.
& 1724. pour les Comptables.*

On peut voir par ces reglemens,
combien il seroit à souhaiter que toutes les autres Matieres du Gouvernement fûssent également reglées & reduites à une mécanique simple, uni-
forme, & telle que toute malversation,

toute

toute friponerie y fût évidente. Il eſt certain que les friponeries dont on pré-zerve le Roi, ſont autant d'inpozitions dont on prézerve les Peuples. Car lorſque les fonds ne ſont pas ſufizans, à cauze des friponeries des Compta-bles, ne ſont-ce pas toujours les Peu-ples qui ſont forcez de rendre les re-venus ſufizans pour peyer les charges de l'Etat?

Je demanderois une édition motivée de ces Reglemens, dans laquelle on mît le motif, ou les motifs de chaque article, en petit caractere, après cha-que article : voici mes raizons.

La premiere, c'eſt que ces motifs ſerviroient beaucoup à former la rai-zon & la prudence du lecteur.

La ſegonde, c'eſt que comme il au-roit plus de plaizir à s'inſtruire des loix, les Reglemens ſages ſeroient plus conus; ainſi leur ſageſſe ſeroit reco-nuë d'un plus grand nombre de ſujets.

La troiſieme, c'eſt que ces motifs arêtent les fauſſes vuës d'un Miniſtre inpétuëux & trop hardi, qui faute de conoitre les avantages qui rezultent de l'article qu'il veut abolir, & qu'il faut conſerver, le revoqueroit par des

motifs bien moins inportans que ceux
qui ont contribué à le former.

La quatrieme raizon, c'eſt que les
Ouvrages humains de cète eſpece peuvent toujours être perfectionez par les
reflexions nouvelles, & par les nouvelles experiences de nos Succeſſeurs.
Mais les Miniſtres timides & pareſſeux
trouvent un grand obſtacle dans le
trop grand reſpect qu'ils ont pour leurs
Predeceſſeurs, lorsqu'ils ne voyent pas
les motifs de la Loi : au lieu que lorsqu'ils les voyent, & qu'ils peuvent les
pezer contre des motifs plus inportans,
que l'experience a fait conoitre depuis,
& qui demandent le changement d'un
article, ou l'adition d'un autre article,
ils n'ont plus d'obſtacles pour faire ce
changement ſalutaire.

OBSERVATION XXII.

*Compagnies pourſuivantes contre les
Comptables.*

Malgré les precautions & les peines
ordonées par les Reglemens, il i aura
toujours des friponeries, ſi le Roi
n'établit pas une Compagnie pourſuivante immortelle, ſufizament intereſſée

par

par son interêt particulier à soliciter
les punitions des Comptables coupables. On fera toujours très-inutilement
des ordonances en faveur du Publiq
contre les Comptables. 1. Parceque
faute de loix pour certains cas, les
Juges ne peuvent souvent condaner les
coupables à des peines sufizantes.
2. Parceque, faute de soliciteurs ar-
dens & constans, c'est à dire sufizament
interessez à l'exécution des loix en faveur du Publiq, on ne poursuit pas
lontems, ni le jugement contre les
Coupables, ni l'execution d'un jugement qui ne regarde que le Bien
Publiq.

Il ne faut pas compter que les Reglemens sur les Finances, tant sur la
recète que sur la depense, soient sufizament bons, tant qu'ils ne s'observent
point. Cète inobservation prouve in-
contestablement que la loi n'a pas assez
interessé d'hommes, sufizament puissans à faire observer tel ou tel Reglement, qui regarde l'interêt general,
c'est à dire l'interêt du Roi & de la
Nation.

J'ai fait un Memoire pour la formation d'une Compagnie Perpetuèle,

 destinée

deſtinée à pourſuivre l'execution des Reglemens de Police. Je l'ai inſeré dans le Memoire pour diminuër les ſources des Procez. Mais la Compagnie pourſuivante contre les Comptables n'eſt pas moins neceſſaire en France, & ailleurs. Elle ſera ſufizament intereſſée, quand outre les amendes elle aura encore à ſon profit la moitié de ce qui reviendra au Roi par le nouvel examen. Je ſupoze que les Gens du Roi de la Chambre des Comptes ſeront à la tête de cète *Compagnie pourſuivante*, & y auront part.

OBSERVATION XXII.

Pour perfeƈtioner la Capitation par la métode des Déclarations.

Les petits maux qui prézervent ceux qui les ſoufrent, de maux incomparablement plus grans, ſont des maux très-déſirables, & de veritables biens. Tels ſont les Subſides que nous péyons, quand ils ſont emploïez à nous prezerver des pillages, des incendies, des meurtres & des violences qui nous ariveroient, ſi nous manquions d'un nombre de Troupes ſufizantes pour nous garan-

garantir des malheurs des Guerres Civiles & Etrangères.

Tels font aussi les Subsides qui avec
le secours des ponts & des pavez, augmentent du triple notre Comerce, &
nous épargnent une infinité d'incomoditez dans les voitures & dans les
voyages.

Je supoze que l'Etat ait bezoin du
subside de la Capitation pour péyer les
Troupes, les Magistrats, les Negociateurs, en un mot pour péyer tous
ceux qui nous rendent la vie moins
fâcheuze & plus comode. Il me semble que c'est rendre service à l'Etat,
que de propozer une metode avec laquelle on puisse rendre le subside anuèl
de la Capitation beaucoup plus facile
à suporter, & par conséquent beaucoup plus facile à recouvrer; & c'est
ce qui se peut faire facilement, en pro-
portionant ce subside anuèl au revenu
anuèl de chaque Capitable.

Si par la lecture du *Projèt de Taille
tarifée*, le lecteur a bien compris la
grande utilité, & la facilité de la metode des tarifs, des declarations volontaires, & des compagnies des colecteurs volontaires; il lui sera aizé de

E 3   com-

comprendre que l'on peut, dans le recouvrement de la Capitation, en faire
un uzage très-avantageux en faveur
des capitables exceſſivement taxez par
raport à leur revenu.

Il eſt certain que quant à prézent,
faute de regle, faute de poinct fixe,
il y a grand nombre de capitables vexez,
& les uns plus que les autres; & pluzieurs capitables protégez qui ſont exceſſivement favoriſez, & qui ne portant
pas le poids qu'ils devroient porter,
font tant, par leur crédit & par les
protections qu'ils mandient, que les
non-protégez étant ſurchargez, le recouvrement de leurs taxes ſe fait dificilement.

Ce Subſide a l'avantage d'être general, aucun ſujet n'en eſt exemt; il
s'étend dans les Provinces d'Etats,
comme dans les autres Provinces; il
regarde tous les ſujets de toutes les
conditions; il s'étend même ſur les
taillables. Mais en ne comptant ici ni
la Capitation des taillables, ni celle des
Péïs d'Etats, elle raporte à l'Etat des
ſommes très conſiderables. Il eſt donc
très-inportant d'en rendre la repartition proportionée au revenu de chaque

que capitable, pour en rendre le recouvrement plus facile.

Je poze pour principe que le Roi
ne pretend point quant à prezent, ni
augmenter ni diminuër le fubfide de
la Capitation, mais feulement le rendre proportioné au revenu de chaque
capitable ; en forte que celui qui péye
trop peu, péye quelque chofe à la
decharge de celui qui péye trop. Je
fai par exemple que la Noblefle dans
une Generalité péye environ fur le pied
du vint - troifieme denier, & que la
Noblefle d'une autre Generalité péye
fur le pied du trente-cinquieme de fon
revenu : l'une fera augmentée, & l'autre diminuée, & le Roi ne lèvera que
la même fomme.

PROPOSITION.

La Capitation doit être proportionée
au Revenu du Capitable.

On fait que l'établiffement de la
Capitation ne fe fit point d'abord par
raport au revenu du Capitable, mais
par raport à la qualité, à la dignité,
a l'emploi qu'il avoit, à la profeffion,
au métier qu'il fezoit.

Les cent Chevaliers de l'Ordre du Saint Esprit, par exemple, étoient à une même taxe anuèle, comme s'ils avoient tous un même revenu anuèl : au lieu qu'il y avoit entre eux des diferences du triple, du décuple, & autres diferences énormes. Tous les Seigneurs de Paroisses étoient inposez à une même taxe anuèle, & cependant il i en avoit qui possédoient un revenu anuèl, dix-fois, vint-fois, quarante-fois plus fort que les autres. Les Marchands étoient tous à une même somme. Les Conseillers des Parlemens avoient tous pareille taxe. Les Colonels péyoient tous une même somme. Cependant quelle prodigieuse diference entre le revenu ou gain anuèl .de Marchand à . Marchand , quelle prodigieuze diference pour le revenu de Conseiller à Conseiller, de Colonel à Colonel !

On voit que cète efroyable disproportion entre les revenus de deux Capitables de même dignité, de même emploi, de même profession, mettoit le Conseil dans la necessité, ou de demander au Pauvre capitable dix-fois , vint, fois plus qu'il ne pouvoit, & par consequent dix-fois plus qu'il ne devoit péyer;

péyer; ou de demander au Riche dix-
fois, vint-fois moins qu'il ne devoit
péyer : deux très-grans inconveniens,
l'un très-injuſte pour le particulier, qui
étoit acablé d'une taxe exceſſive ; l'autre très-opoſé au ſervice du Roi & de
la Patrie : parceque le ſecours que
l'Etat pouvoit attendre d'un pareil
ſubſide, ne pouvoit pas être ſufizant
pour ſes beſoins, & ne pouvoit pas raporter la dixieme partie de ce qu'il
eût pu raporter, ſi les taxes du Riche
& du Pauvre de même dignité, de
même emploi, de même profeſſion,
de même métier, euſſent eté non egales, mais proportionées à leur revenu
anuèl, qui etoit très-inégal.

Cete metode des Taxes faites par
emplois, par charges, par dignitez,
par profeſſions, par metiers, fut faite
à bone intention. Ce fut pour rendre
ce ſecours plus promt, & pour eviter
l'inconvenient de la Taxe arbitraire
des Intendans ; laquelle, faute de conoiſſance ſufizante du revenu de chaque
capitable, & par l'efet naturel des recomandations injuſtes, eſt ordinairement très - disproportionée & très-
injuſte.

E 5 Mais

Mais le Conseil s'aperçut bientôt que les Taxes faites par la regle du metier, de la profeſſion, de l'emploi, de la charge, de la dignité, feroient encore plus disproportionées ſur les Pauvres & ſur les Riches, qu'elles ne pouroient jamais l'être, en ſuivant l'arbitraire des Intendans les moins bien inſtruits & les moins équitables. Ainſi voïant que le revenu anuèl doit toujours neceſſairement être la baze des Taxes anuèles, ſi l'on veut d'un coté faire obſerver la juſtice entre les ſujets, & de l'autre rendre les recouvremens poſſibles & faciles, & prézerver en même tems les ſujets des frais ruineux ; les Intendans eurent des ordres particuliers de ne plus ſuivre ſcrupuleuzement l'Edit, qui prenoit pour fondement la regle ſi fautive, de mettre des Taxes egales ſur les capitables qui avoient une qualité, & une profeſſion egale. Le Miniſtre leur manda de repartir la Capitation ſur les capitables, en ſuivant autant qu'ils pouroient la ſeule regle qui ſoit raizonable en pareil cas, c'eſt à dire de proportioner leur taxe anuèle à leur revenu anuèl.

Ces

Ces ordres particuliers etoient juſtes, mais il faut avouër qu'ils devoient être autoriſez au moins par un Arrêt du Conſeil en explication de l'Edit; & jusqu'ici un pareil Arrêt ſi equitable, ſi dezirable, ſi neceſſaire pour autorizer la conduite des Intendans les plus juſtes & les plus raizonables, n'a point eté donné. Et de-là vient que les Riches, quand on les taxe à proportion de leur revenu, font de grandes plaintes très - injuſtes: ils prenent à partie les Intendans, & ſoutienent qu'ils ne doivent être taxez que ſuivant leur metier, leur profeſſion, leur dignité, ſuivant le premier Edit; & le Conſeil reçoit encore des plaintes contre les Intendans, qui n'ont fait qu'obſerver la juſtice. Or il eſt inconcevable combien ces ſortes de plaintes injuſtes, lorsqu'elles ſont ecoutées à la Cour, diminuënt dans les bons Intendans le dezir qu'ils devroient toujours avoir de faire obſerver la juſtice.

Il eſt vrai que la raizon du Conſeil, de ne pas laiſſer la taxe à l'arbitraire de l'Intendant, eſt bonne: mais que ſignifient les ordres ſecrets de ſuivre pour principale regle la quantité du

re-

revenu du capitable? Cela montre que ſi quelqu'un propozoit au Conſeil un expédient, qui d'un coté ne laiſſât rien à l'arbitraire de l'Intendant; & qui de l'autre fît ſuivre exactement & neceſſairement, dans la repartition du Subſide, la regle de la proportion de la taxe anuèle au revenu anuèl du capitable, atteindroit au but que le Conſeil s'eſt propoſé d'abord, par l'Edit qui garantit de l'arbitraire des Intendans, & enſuite par les ordres poſterieurs & ſecrets de ſuivre la proportion du revenu du capitable.

Le Clergé, qui portoit partie de l'inpôt de la Capitation ſous le nom de *Subvention*, ſe dona bien de garde de repartir la part de ſa taxe, en ſuivant la regle de la dignité, de l'emploi, & de la qualité de l'Inpozable. Il n'eut garde de ſtatuër que tous les Curez, par exemple, ſeroient taxez à la même ſomme, que tous les Chanoines n'auroient qu'une même taxe, que tous les Abez ſeroient à un même taux, que les Evêques péyroient une taxe egale à leur qualité & à leur emploi. Le Clergé du premier coup-d'œil comprit que ſi l'on ſuivoit cete metode de re-

partition par les diferentes claſſes formées ſur les diferentes qualitez, les
Ecleziaſtiques d'un petit revenu ſeroient acablez, tandis que ceux qui
avoient un grand revenu ne porteroient
presque rien du fardeau. Le Clergé
vit bien que d'un coté ce ſeroit une
extrême injuſtice, & de l'autre qu'il y
auroit beaucoup de peines , de lon-
gueurs, de frais, & de mauvais deniers
dans le recouvrement, cauſez par une
exceſſive disproportion dans la repartition.

Le Clergé ſavoit que dans pluzieurs
Diocezes, les Chambres Ecleziaſtiques
repartiſſoient ſouvent le ſubſide d'une
maniere un peu arbitraire: mais il re-
marqua aizément que les disproportions qui rezultoient de cet arbitraire,
n'etoient ni exceſſives, ni ſi nombreuzes qu'elles eûſſent eté en ſuivant la
regle des dignitez & des emplois.

L'Aſſemblée generale du Clergé fit
donq la repartition de ſa part de la
Capitation Ecleziaſtique, au ſou la livre
des decimes anciennes ſur chaque Dioceze ; & la Chambre Ecleziaſtique de
chaque Diocez, fit ſur chaque Abé,
ſur chaque Chanoine, ſur chaque Cu-
ré

ré &c. la repartition de la ſubvention, au ſou la livre des mêmes ancienes decimes ; parceque l'on ſavoit que dans le Clergé, les ancienes decimes avoient eté reparties, comme il etoit raizonable, par raport à l'eſtimation du revenu de chaque Benefice.

La Capitation des taillables fut de-même bien facile à repartir par l'Intendant, avec une eſpece de proportion ſur les Elections & ſur les Paroiſſes, & par les Colecteurs ſur les taillables, au ſou la livre de la taxe de leur taille : & cela parceque l'on ſupozoit la taille repartie, non par raport au metier ou à la profeſſion du taillable, mais par raport à ſon revenu anuèl.

Inconvenient dans la Repartition Arbitraire.

Le Conſeil dans la repartition de la Capitation a commencé à-la-verité à ſortir du premier inconvenient, qui etoit très-grand. Mais comme ce n'a eté qu'en ſe rejetant dans l'inconvenient de la repartition arbitraire, & en deferant à l'Intendant le pouvoir de taxer les Gentilshommes, les Exempts,

&c

& les Bourgeois non taillables, par raport à la conoiſſance qu'il auroit de
leurs diferens revenus ou gains anuèls,
cete maniere de taxer arbitrairement
s'eſt trouvée de ſon coté ſujete à un
autre grand inconvenient. C'eſt que
l'Intendant manquoit de conoiſſance
ſufizante du revenu de chaque capitable.

Ce ſegond inconvenient eſt à - la -
verité moindre que l'autre, parcequ'il
n'eſt pas ſujet à des disproportions
quintuples, & même plus que decuples,
auxquelles la Taxe par qualitez, par
emplois, etoit ſujete. Mais ces Taxes
arbitraires ſont encore très-dispropor-
tionées, & vont ſouvent au double,
& quelquefois au triple. Or c'eſt à ce
defaut de conoiſſance *ſufizante*, que je
propoze de remedier. Mais je ſupoze
toujours un Arrêt ou Reglement du
Conſeil, dans lequel le Roi, *en ſe bor-
nant toujours à la ſomme qui revient au
Treſor Roial de la Capitation de chaque
Generalité*, ordonne ſeulement la maniere de la repartir.

Le Conſeil a ſagement fait, de ſau-
ver par des ordres ſecrets un grand inconvenient par un moindre. Mais ce
moindre,

moindre, faute de Reglement, produit encore un grand nombre de disproportions. Et il n'i a perſone qui
ne ſache, que l'on voit tous les jours
des Gentilshommes de même revenu,
péyer l'un moitié plus que l'autre;
deux Bourgeois péyer égale taxe,
quoique l'un ait le double de revenu
de l'autre. Il eſt evident que ſi tous
ceux qui ſont moins taxez, à proportion que les autres portoient leur part
du fardeau general proportionément à
leur revenu, ils ne ſoufriroient aucune
injuſtice; & que les trop chargez en
feroient ſoulagez d'autant, & qu'ainſi
les oprimez ont raizon de crier.

L'Intendant eſt d'un coté dans la
neceſlité de repartir la Capitation ſur
un grand nombre de familles nobles,
& ſur un nombre beaucoup plus grand
de familles non nobles, bourgeois de
villes exemptes de taille; & de l'autre,
il eſt dans une impoſſibilité abſoluë de
conoître *ſufizament* par lui-même le
revenu de chacune de ces familles nobles & non-nobles : de ſorte qu'il ſe
trouve neceſſairement forcé de s'en
raporter à gens, qui ſouvent n'ont gue-
res plus de conoiſſance que lui du revenu

venu de ces familles, & qui ont toujours des interêts ou de vengeance &
de haine contre les uns, ou de parenté
ou d'amitié pour les autres.

Je fupoze que l'Intendant foit jufte,
& que par confequent il n'ait dans la
repartition aucune complaifance ni
pour fes amis ni pour fes complaizans,
aucune attention à fe vanger de ceux
qui lui refiftent, & aucune deference
pour les recomandations des perfones
puiffantes : on voit toujours quelle prodigieuze quantité de difproportions
doivent neceffairement naître du feul
defaut de conoiffance fufizante dans
l'Intendant des diferentes fortes de revenus de chaque Capitable, & combien de grans inconveniens, de frais,
de mauvais deniers, de plaintes, il doit
neceffairement naître, & pour les Particuliers & pour l'Etat, de ces injuftices & de ces difproportions.

Il eft donq certain que le Roi, les
Sujets, & même l'Intendant, doivent
tous fouhaiter qu'il y ait une Loi qui
regle toujours avec proportion la Capitation pour chaque capitable, & que
cete Loi foit faite de maniere que les
recomandations injuftes & puiffantes

 n'en

n'en puiſſent jamais empêcher l'obſervation.

*Moïens pour garantir les Capitables
de la Disproportion.*

Le premier moïen c'eſt d'établir un Bureau pour examiner ce Memoire, & les autres Memoires qui feront donez par les Intendans à qui le Conſeil envoiera celui‑cy, afin de le rectifier, ou de doner une meilleure metode.

Ce Bureau ſera le même que celui deſtiné à rectifier le ſubſide de la taille, ſous la direction de l'Intendant des Finances qui a les deux departemens. J'ai déja donné un Memoire ſur la neceſſité d'un pareil Bureau pour la Taille proportionelle & tarifée, & ſur les moïens de le faire réüſſir. C'eſt un moïen general, mais voici les autres moïens ſubalternes que je propoze à ce Bureau.

1. *Le Reglement donera à tout capitable la liberté de ſigner dans un Regitre, au Greffe de la Capitation, la declaration & l'eſtimation en gros de ſon revenu ſuivant les modèles cy-après.*

Louis de . . . . . Ecuyer, a declaré que ſon revenu anuèl, en deduizant le
dixieme

dixieme pour la regie & pour les reparations & les rentes qu'il doit, monte
à la fomme de 2300 ₶ anée comune,
& qu'il a quatre enfans, dont un dans
le fervice, ce . . . . jour de &c.

*Le Reglement portera que la nourri-
ture de chaque enfant fera eftimé la
vintieme, ou autre partie du revenu,
& que les enfans au fervice paſſeront
pour double charge*, il eft toujours à
propos de marquer une diftinction fufizante pour les Familles qui produizent des Oficiers ou des Soldats.

Les Intendans fourniront encore
quelques autres modeles, felon les autres cas. Le Reglement portera, que
les reparations des moulins feront efti-
mées au tiers du revenu des moulins.

2. *Il fera fait par chaque Election un
Rôle pour la Nobleſſe, feparé des autres
Rôles des Exempts & des Bourgeois de
Ville qui font exempts de Taille* ; parceque la Nobleſſe ne doit pas être con-
fonduë, ni avec le Peuple, ni avec les
fimples Exempts. Et efectivement il
eft inportant pour conferver l'émulation des Sujets aux travaux utiles au
Publiq, non feulement de conferver
les degrez de diftinction déja établis

 entre

entre les diferens ordres de l'Etat, mais de multiplier au‑contraire ces degrez de diftinction dans chacun de ces ordres ; afin d'augmenter cete émulation, qui eft un reffort fi puiffant & fi utile au bon Gouvernement, lorfqu'il eft dirigé par de fages Loix.

Tant que les membres de la Nobleffe fe deftineront volontiers, comme ils font pour la plus grande partie, aux emplois de la Guerre, qui font les plus pénibles, les plus dangereux, & les plus inportans pour le falut de la Patrie, il paroit jufte de traiter la Nobleffe avec une diftinction fufizante dans la repartition du fubfide : de forte que fi le Bourgeois dans la capitation péye, par exemple, deux fous pour livre de fon revenu, il eft à propos que le Confeil ne demande au Gentilhomme qu'une fomme moindre.

Il femble qu'il feroit à propos que le Reglement ordonât, *que les Gentils-hommes qui demeurent dans les Villes où ils péyent les droits d'entrées comme le refte des Bourgeois, auroient un tarif moindre que les Gentilshommes qui demeurent dans les Campagnes,* où ils ne péyent point d'entrées.

Je

Je fupoze que la Capitation de la Nobleffe d'une Election, y compris les Veuves, monte prezentement à vint mille livres, fi elle eft trop forte d'un huitieme par raport à la Capitation de la Nobleffe de l'Election voizine ; l'intendant en voïant les revenus totaux des Nobles de toutes les Elections de la Generalité, pourra facilement les proportioner à leur revenu ; & le Conſeil qui aura les totaux des revenus des Nobles de toutes les Generalitez, poura facilement proportioner les Generalitez entre elles par raport au total des capitations des Nobles de chaque Generalité : proportion qui, fans ces declarations & cete conoiffance, a eté jufqu'à prezent inpoffible dans la pratique.

3. Je fupoze que conformément au Reglement, l'Intendant ait nommé cinq Gentilshommes rézidans à la ville de l'Election ou dans le voizinage, pour faire tous les ans en fa prézence la repartition de la capitation.

4. Le Reglement ordonera *que ces cinq repartiteurs eftimeront en gros le revenu des capitables nobles qui n'auront point fait leur declaration.*

5. Je fupoze que le Confeil ordonne *que par les repartiteurs, en prezence de l'Intendant, les declarans feront diminuez d'un cinquième de leur capitation ; & que de tous les cinquièmes ainfi retranchez, il en fera fait une fomme totale, qui fera repartie dans le Rôle au fou la livre fur les non-declarans.*

Il eft evident que par ce moïen on aura en deux ans toutes les declarations des capitables nobles de chaque Election. Car fi quelques opiniatres aimoient mieux péyer le double plus qu'ils ne peyroient en donant leur declaration en gros, ils ne feront pas lontems fans fe repantir de leur opiniatreté ; & fans trouver qu'il vaut encore mieux déclarer en gros fon revenu comme les autres, & le déclarer jufte, que de péyer le double de ce qu'ils doivent péyer en ne le declarant pas. Ainfi leur interêt les condanera, & à pratiquer volontairement la juftice entre leurs pareils, & à declarer la verité à leurs Juges, pour s'exempter d'une taxe exceffive du double.

On comprend aizément que ceux qui ne declarent point, gagnent quelque chofe à ne point declarer, & le gagnent

gagnent injuſtement ſur ceux qui declarent. Or le Conſeil ne doit-il pas
vizer à faire ceſſer cète injuſtice?

On peut remarquer que l'on inté-
reſſe ſufizament tous les capitables à
doner des declarations, & à les doner
juſtes; puisque d'un coté les declarans
ſont ſoulagez, & que de l'autre les
non-declarans, qui ſont le plus petit
nombre, ſont regardez par le gros des
Gentilshommes comme gens qui veulent faire injuſtement porter de leur
fardeau aux autres. Et n'eſt-ce pas le
meilleur moïen de faire obſerver la
juſtice entre les hommes, que de trouver le ſecret d'intéreſſer le plus grand
nombre à cète obſervation?

6. Je propoze qu'à l'égard des *Nobles*,
le Conſeil ſtatuë *qu'ils ne ſeront point
taxez, à moins qu'ils n'aïent* 200 ℔ *de
revenu, & que les déclarations de revenu
ne contiendront point des ſommes au-deſ-
ſous de cent livres.* Ce ſera une diſtinction agréable pour le corps de la Nobleſſe, & cète diſtinction ne coutera
rien à l'Etat; puisque la ſomme demandée par le Roi pour capitation,
ſera toujours facilement recouvrée.

On

On verra par les Rôles de la premiere anée, que quand ils ne feroient faits que moitié sur des declarations veritables, moitié sur les estimations des cinq Gentilshomes repartiteurs, les Intendans, & par conséquent le Conseil, auroient déja une conoissance bien plus exacte & bien mieux fondée, que celle qu'ils ont prézentement de la force du revenu des capitables.

On voit que le Rôle de la segonde anée perfectioneroit de beaucoup cète conoissance, & que le Rôle de la troisieme anée doneroit aux Intendans & au Conseil une conoissance entiere & exacte du revenu de la Noblesse de chaque Election.

A l'égard des Familles Nobles de chaque Election, on verra qu'en faizant un total de leur revenu, & repartissant le total de la capitation demandée par le Roi au sou la livre de ce revenu, aucun ne soufriroit d'injustice & de disproportion ; chacun peyroit sans frais & facilement sa taxe, & il n'i auroit jamais aucune plainte.

On voit que si par le Rôle on s'aperçoit que la taxe de la Noblesse de telle Election est à un sou pour livre de son revenu par exemple, & que celle de la Noblesse de l'Election voizine n'est qu'à huit deniers pour livre, & les autres Elections à des proportions diferentes; il est facile à l'Intendant de faire une adition de tous les revenus de toutes les Elections, & de voir quelle partie de ce revenu il faut prendre pour lever par proportion au revenu la somme demandée à sa Generalité; il verra si c'est le vintieme, le trentieme, ou autre partie du total de ce revenu.

De là on voit que le Conseil, pour faire une repartition proportionée du total de la capitation sur toutes les Generalitez, n'a qu'à faire un total des revenus des Nobles de toutes les Generalitez; & voir combien au sou la livre de son revenu, chacun doit porter de la somme totale demandée à la Noblesse.

De là on voit enfin que le Conseil aïant aussi devant les yeux le total des revenus des capitables Non-nobles, il pourra facilement repartir le subside de la capitation; de maniere que les capitables Nobles portent, à proportion de leur revenu, moins que les Ca-

pi-

pitables Non-nobles. Or voilà en gros la metode que l'on cherchoit.

Si un Gentilhomme veut paſſer durant quelques anées pour un tiers, pour un quart plus riche en revenu qu'il n'eſt en efet, à lui permis d'eſtimer ſon revenu plus fort d'un tiers, d'un quart, en péyant durant ces anées un tiers, un quart plus de capitation qu'il ne doit. Et comme il ne declare rien qu'en gros, comme dans le modèle cy-deſſus, il n'eſt point obligé de rien dire au publiq du ſecret de ſes afaires ; j'ai montré dans le Projèt de Taille tarifée qu'il i a à gagner pour chaque ſujet, de renoncer à tromper dezormais les autres, en donant *une declaration vraye* de ſon revenu efectif en gros, parcequ'il a par la même voye des declarations vraies des autres : ſeûreté égale qu'il ne ſera jamais trompé, ni lui, ni ſa poſterité par les autres.

En general on ne craint de declarer, que parceque l'on ne veut pas renoncer à tromper. Or n'eſt-il pas de la juſtice du Legislateur, d'empêcher les injuſtices qui viennent de la tromperie ? Et d'un autre coté, la défiance ne diminuë-t-elle pas conſiderablement le Comerce ?

ce? Et n'eſt-il pas de l'interêt de l'Etat d'extirper les tromperies & les defiances, qui diminuënt ſi conſiderablement le Comerce entre les citoyens?

7. Il eſt très-inportant que le Reglement porte que la Nobleſſe de chaque Election ſoit taxée en corps pour la capitation, comme une Paroiſſe eſt taxée en corps pour la taille. C'eſt qu'alors le corps de la Nobleſſe de l'Election, & meme chaque Gentilhome en particulier, eſt intereſſé à faire en ſorte que chacun ſoit taxé à proportion de ſon revenu; afin que ce que le Gentilhomme favorizé peyroit de moins qu'il ne doit, ne ſoit pas rejeté ſur lui, & ſur ſes pareils non protegez. Il faut faire en ſorte que le Gentilhomme vexé ne puiſſe pas dire avec verité au Gentilhome favorizé & vexant, *Vous me faites injuſtement porter partie de votre fardeau.* Il eſt evident que le corps ſera alors intereſſé à demander & à pourſuivre juſtice, contre tout membre qui emploieroit ſon credit pour être favorizé injuſtement, & que chacun des vexez auroit ſujet de ſe plaindre du favorizé.

De

De même non ſeulement les cinq repartiteurs, mais encore le corps de la Nobleſſe, ſeront intereſſez à decouvrir & à pourſuivre la fauſſeté des declarations trop foibles. Premierement pour n'avoir point à porter partie du fardeau du faux declarant, & en ſegond lieu pour en partager l'amende à laquelle il ſera condané. Or c'eſt beaucoup que d'avoir trouvé un moïen de rendre odieux à ſon corps & à ſes voizins, quiconque cherche à vexer ſes pareils, & de punir celui qui eſt aſſez injuſte pour vouloir leur faire porter une partie de ſon fardeau. Mais la crainte d'une punition ſufizante & inevitable, fera qu'il n'y aura preſque jamais de declarations fauſſes.

Par cète metode l'Intendant ne ſera plus haï de ceux qui ſe croient trop taxez, puiſqu'il ne ſera que le temoin de l'eſtimation & de la repartition des cinq repartiteurs ; & que tous les Rôles ſe fezant ſur les declarations, chacun fera par lui-même ſon propre repartiteur par ſa propre declaration. Or n'eſt-ce pas un veritable avantage pour un Intendant honête-homme, d'eviter ainſi la haine de plus de mille
fa-

familles Nobles, & de plus de vint-
mille autres familles Non-nobles, qui
fe croient vexez par fa taxe? Il eft vrai
qu'il n'aura pas le plaizir de faire vint
ou trente injuftices, en faveur de vint
ou trente complaizans fes amis. Mais
ne vaut-il pas mieux pour lui, en ob-
fervant la juftice, de n'avoir pas un
grand nombre d'enemis, que d'avoir
par la pratique de l'injuftice un petit
nombre de flateurs, intéreffez à lui infpirer des injuftices qui lui atireront
beaucoup d'enemis ?

8. Le Reglement portera *que le
Gentilhomme non declarant qui fe croira
vexé par l'eftimation des cinq repartiteurs, pourra apeler de leur eftimation à
l'Intendant, en péyant cependant par provizion la taxe du Rôle pour l'anée cou-
rante; & alors il doner a fa declaration
en detail à l'Intendant, & les anées fui-
vantes fa declaration en gros, fi elle eft
jufte, fera fa loi.*

9. *Les Rôles de la Nobleffe de toutes
les Elections feront faits fur un même
modèle; & après avoir eté fignez par les
repartiteurs & par l'Intendant, ils feront
donez au receveur de la capitation pour
en faire le recouvrement.*

Il faut obſerver que la maniere dont le Gentilhomme a liberté de faire ſa declaration eſt bien plus comode, que la maniere dont on la demande aux Non-nobles ; puiſqu'il ne la fait qu'en gros, au lieu qu'on la demande aux autres par articles detaillez. Il eſt vrai que les repartiteurs pour le bien du corps de la Nobleſſe de l'Election, & pour leur propre intérêt, peuvent l'ataquer en fauſſe declaration ; & alors il ſera obligé de doner à l'Intendant une declaration en detail, ſuivant le modèle qui ſera preſcrit : mais ils ne l'ataqueront pas, s'ils ne ſont parfaitement ſeûrs qu'il declare faux ; car ils ſeroient condanez *eux-mêmes envers lui à deux cens livres d'amende ou d'intérêt.*

Or par cète declaration en gros, il ſera encore fort diſtingué des autres capitables, & même des bourgeois marchands : car ceux-cy ſeront obligez de doner en detail le revenu de leurs terres, de leurs maizons, de leurs rentes. Il n'y a que les efets qu'ils ont dans le Comerce, dont il ſufira qu'ils donent leur declaration en gros, comme nous avons dit dans le Projèt de Taille Tarifée.

Les

Les cinq Repartiteurs feront du nombre des Déclarans.

Il eft convenable que ceux qui font prepofez pour faire obferver la juftice dans la repartition, donent l'exemple, en prenant l'unique voye propre pour ariver dans la repartition du fubfide à l'obfervation de la juftice.

10. Il n'eft pas jufte que ces cinq Repartiteurs travaillent fans quelque recompenfe, pour faire obferver la juftice parmi leurs pareils. Ainfi par le Reglement, *ils auront à leur profit les deux tiers des amendes des faux-declarans, ils feront exempts de la moitié de leur capitation, & cète moitié fera rejetée fur le total de la capitation des autres Gentilshomes,* à qui ils procurent un auffi grand bien qu'eft l'obfervation de la juftice. Il poura bien ariver que ces cinq feront reduits à trois, & puis à un, à cauze du bon efet du Regitre des Declarations, mais ce fera par des reglemens fubféquens.

11. Le Reglement portera *que fi dans quelques Elections les Gentilshomes refuzoient d'accepter l'Employ des Repartiteurs, l'Intendant pourra comme auparavant*

ravant faire la taxe avec le Deputé, jusqu'à ce que la Noblesse de l'Election aime mieux avoir plusieurs Gentilshomes repartiteurs.

12. Le Reglement ordonera que le Receveur observera une distinction en faveur de la Noblesse, qui est de ne saizir jamais dans la maizon d'un Gentilhomme, mais seulement de saisir ses levées & fruits de ses terres, ses fermages, ou ses rentes.

13. Dans une grande vile comme Paris, on divizera les Communautez de Nobles par environ cent familles nobles d'un même quartier.

Capitation des Non-Nobles.

L'autre partie de la Capitation qui n'est point unie avec la taille, regarde les Bourgeois des villes exemptes de taille, & ceux qui par leurs charges sont aussi exempts de taille. Comme il i a dans toutes les villes un nombre prodigieux de familles qui se plaignent d'être excessivement taxées en comparaizon de leurs voizins, il est très-inportant de faire cesser ce nombre prodigieux de plaintes & d'injustices.

1. Parceque le Roi doit la justice à ses sujets. 2. Parceque la pratique de l'injustice rend le Gouvernement dur & odieux. 3. Parceque les taxes excessives multiplient les mauvais deniers, les dificultez & les frais dans le recouvrement, & peuvent à la fin ruiner un grand nombre de familles, ce qui seroit une grande perte pour l'Etat.

1. Pour ariver à l'observation de la justice, le Conseil peut ordoner *que l'Intendant nomera, dans chaque Paroisse d'une ville non taillable, cinq repartiteurs non-nobles par Paroisse ; & si la Paroisse est trop grande, il la divizera par quartiers.*

2. *Ces cinq repartiteurs seront exempts de la moitié de leur capitation, & seront du nombre des declarans.*

3. Je supoze que l'Emploi de repartiteur soit regardé comme un benefice, & honorable, & utile. Ainsi il *est à propos qu'il circule tous les deux ans parmi les familles capitables non-nobles de la Paroisse; mais que l'on i conserve les deux plus habiles, pour instruire les autres.*

4. *Ces cinq Repartiteurs non-nobles feront dans leur Rôle l'estimation des*

 biens

biens des capitables non - nobles & non-
declarans.   Ils feront cète estimation en
detail, & observeront de mettre dans la
feconde marge la taxe de proportion pro-
duite par le tarif, & dans la premiere
marge la taxe réelle ou taxe exigible. Il
y en a un modèle dans le Projèt de Taille
Tarifée.

5. *Le Reglement statuëra que les De-*
clarans feront dechargez dès la premiere
anée du cinquieme de leur taxe, & que
ces cinquiemes feront rejetez fur les taxe
des Non - declarans.

Le Confeil a déja mis en ufage,
dans le fubfide du Dixieme, l'expe-
dient des declarations, & même la punition du quadruple : mais on n'avoit
pas alors propofé trois autres moïens
de les faire doner juftes.

Le premier, c'eft de former pluzieurs petits corps des inpofables, afin
que tous les membres de ce corps fuffent *fufifament intéreffez* à decouvrir la
verité & *l'intégrité* de chaque declaration.

Le fegond, c'eft d'inpofer, outre
la peine du quadruple, les deux-cens
livres d'amende contre le faux - declarant.

L

Le Troiſieme, d'intereſſer ſufizament le corps & les repartiteurs à pourſuivre le peyment de ce quadruple,
& de cète amende, en la partageant
entre eux.

Tout ce detail ſe comprendra facilement par ceux qui ont vu le Projèt
de Taille Tarifée.

Le Bureau de la rectification des
ſubſides de la taille & de la capitation,
pour procéder avec plus de circon-
ſpection, n'a qu'à faire quelques eſſais
du Reglement dans quelques Elections
de quelques Generalitez, en promettant
aux Intendans une penſion de ſix-
mille livres, s'ils réüſſiſſent à l'execution des reglemens de la taille & de la
capitation. Il n'eſt pas raizonable d'attendre d'eux qu'ils diminuënt volontairement la conſideration que leur
donne leur pouvoir arbitraire. Ce pouvoir pernicieux qu'ils ont de faire porter injuſtement aux uns la partie du
ſubſide qui doit être porté par les autres, à moins que la Cour ne les de-
domage avantageuſement de cète partie de leur autorité, qu'elle ne leur
ôte que pour la doner à la Loi.

G 2

On

On pouroit peut - être transmuër le ſubſide de la capitation des habitans des villes exemptes de taille, en augmentation ſur les entrées. On epargneroit ainſi aux capitables les frais du recouvrement, car il n'en couteroit pas plus de gardes aux portes de la ville. On leur epargneroit encore les frais des executions & des procez, & les plaintes des excez de taxe. Mais il i a de fortes habitudes contraires, je ne les ai pas ſufizament pezées.

6. La Taxe par métiers & profeſſions eſt auſſi un très-bon expédient, parceque ceux du même métier ſont plus apliquez à conoitre les facultez de ceux de leur métier.

7. La Capitation ſera plus dificile à repartir dans la capitale que dans les petites villes : mais on peut la divizer par quartiers, & par métiers ou profeſſions, & mettre une compagnie de colecteurs volontaires à chaque quartier de la ville.

8. Il eſt à propos que la Capitation ſoit diminuée, à proportion de ce que produizent déja les entrées de la ville. Car il eſt à dezirer que les ouvriers de la Campagne ſoient au-moins auſſi bien

traitez,

traitez, que les habitans des Villes ; de forte que fi le Taillable peye en tout le fixieme de fon revenu, le Bourgeois en entrées & en capitation péye à-peu-prez autant.

9. Mais le poinct principal eft de commencer par des eſſais dans quelques Elections, dans trois ou quatre Generalitez.

OBSERVATION XXIV.

Sur la Défenfe de faire des Plantations nouvelles en Vignes.

REMARQUE I.

Il i a un grand prejugé contre l'utilité de cet Arrêt. C'eft que fi les propriétaires des provinces de vignobles, doivent tirer de leurs terres qui feront mifes nouvellement en vignes, un quart plus de revenu, que fi elles reftoient mifes en blé ou en pâturages, il eft contre l'utilité de ces provinces de defendre les nouvelles plantations en vigne. Car une Loi qui tend à diminuër le revenu des terres, fans aucun avantage qui compenfe avantajeufement cète diminution, eft viziblement une mauvaife Loi.

G 3

Si au-contraire ils tirent dans la suite moins de revenu de leurs terres mifes en vignes, que fi elles étoient reftées en blé, l'Arrêt du Confeil qui leur defend de les mettre en vignes eft très-inutile; puifque fans Arrêt du Confeil, ils fe garderont bien de faire de nouvelles plantations en vignes.

Or qui peut mieux conoitre l'intérêt particulier des propriétaires fur la meilleure maniere de faire valoir chacun leurs terres, que les propriétaires eux-mêmes qui en jouïffent par leurs mains.

Par la même raizon un Arrêt du Confeil qui defendroit de mettre en froment de nouvelles terres, & celles qui ont été trois ans fans être cultivées en froment, feroit inutile, s'il etoit conforme à l'intérêt des propriétaires, puifque les propriétaires conoiffent mieux leurs intérêts particuliers, que ne font les Intendans & les Miniftres; & feroit au-contraire très-nuizible & contre la bone Police, s'il defendoit la culture qui leur raporte plus de revenu.

R E-

REMARQUE II.

Tout le monde fait à Bordeaux que depuis quinze ans, les vins de Guyenne fe confoment dans une quantité plus grande de moitié dans les Péys du Nord, qu'auparavant. Seroit-il de la bone Politique de laiffer aler partie de ce comerce au Portugal, faute de faire de nouvelles plantations de vignes en Guyenne ?

REMARQUE III.

La defenfe de cet Arrêt tombe même fur des terres incultes, qui n'ont jamais porté de blé, qui n'i font pas propres, & qui porteroient de bons vins fi on y plantoit des vignes.

REMARQUE IV.

On ne perfuadera jamais à perfone que les Intendans & les Miniftres fachent mieux ce qu'il faut ou planter ou femer pour augmenter le revenu des terres de telle & telle Paroiffe , que les vignerons & les laboureurs qui les cultivent eux-mêmes à grans frais.

G 4

De

De là il suit que ce qui s'opoze à la liberté du Comerce & des propriétaires des terres, n'eſt fondé que ſur de vaines ſubtilitez, fondées elles-mêmes ſur de fauſſes ſuputations ; parcequ'il n'i a perſone ſi clairvoïant dans une afaire, que celui qui i eſt intereſſé, & qui peut facilement ſe coriger par ſa propre expérience, ſans avoir bezoin d'Arrêt du Conſeil qui lui défende des depenſes qui luy ſeroient préjudiciables.

REMARQUE V.

Cet Arrêt n'a pas ſeûrement eté ſolicité par les Fermiers-Generaux des Droits d'Aides. Il n'a pu être demandé que par quelques Intendans, trompez eux-mêmes par certains proprietaires de bons vins, & par certains ſecretaires qui avoient intérêt d'avoir beaucoup de permiſſions à diſtribuër & à ne les pas diſtribuër *gratis*.

S'ils pouvoient obtenir de même un Arrêt de defenſe de mettre en pré des terres labourables, ou des terres labourables en lin ou en chanvre, ils trouveroient le ſecret d'augmenter le nombre de leurs permiſſions, & de gêner

ainſi

ainſi l'Agriculture. Car ces Secretai-
res ont eu un grand ſoin de mettre
dans l'Arrêt la neceſſité de ces permis-
ſions, qui ſeroient donées par le Roi
ſur l'avis des Intendans.

Il eſt certain que cet Arrêt ſe trouve fort dans les intérêts des propriétaires des vignobles des vins excèlens,
qui ſe ſont aperçus que ſi de nouvelles terres voizines des leurs, & dans
une meilleure expozition, & dans un
meilleur terroir pour le vin, etoient
mizes en vigne, comme on avoit commencé de les y mettre, la grande quantité d'excèlent vin feroit diminuër le
leur de prix.

Mais la perte de quelques particuliers n'eſt-elle pas avantajeuſement re-
parée par le grand profit des nouveaux
propriétaires des excèlens vignobles,
& par l'avantage qu'en retire le Publiq,
qui profite de l'émulation des propriétaires, à qui choizira mieux ſon terroir & ſon expozition, & à qui prendra plus de ſoin de la culture des vignes,
& de la meilleure façon de faire le
bon vin ?

Les ſoliciteurs de cet Arrêt ont
aporté dans l'expozé diferentes raizons

G 5

pour

pour l'obtenir. On va les voir en forme d'Objections, & l'on verra par les reponses combien elles sont peu solides.

Premier Motif de l'Arrêt,
ou Objection I.

Le bois des cuves, des pressoirs & des bariques est fort enchéri, & enchérira encore dans les Provinces de vignobles, si l'on n'i borne pas la culture de la vigne.

Reponse.

1. Qui est-ce qui achète ce bois, qui est-ce qui en a bezoin ? N'est-ce pas le propriétaire des vignes ? Or si malgré cète cherté, il trouve encore son compte à mettre plutôt sa terre en vigne qu'à la laisser en blé, n'est-ce pas une preuve demonstrative que cète cherté ne l'empêche pas de gagner plus sur le vin, qu'il ne gagneroit sur le blé ?

2. Qui est-ce qui péye ce bois, si ce n'est l'acheteur ? N'est-ce pas l'étranger qui achète le bois avec le vin ? Et est-ce faire un préjudice a la Nation, que de lui doner ocazion de vendre chèrement plus de bois de toneaux aux Etrangers ? *Sc-*

Segond Motif de l'Arrêt,
ou Objection II.

Plus on met de terres en vignes, moins on en met en blé. Il faudra donq que la Province tire davantage de blé, d'avoine, de paille, foit des Provinces voifines, foit de l'Etranger.

REPONSE.

1. Qu'inporte à la Province de Guyenne, par exemple, de tirer plus de blé par le Comerce, & plus chèrement d'un dixieme d'une Province voizine, que de le tirer de fon propre fonds, & à meilleur marché ; pourvû-qu'elle tire par fon vin un revenu plus grand d'un quart, qu'elle ne tireroit du blé de fon propre fonds.

2. Le propriétaire de la vigne fait bien fon compte. Il voit bien que le blé, l'avoine & les fourages lui font enchéris d'un dixieme ; & cependant il continuë à cultiver de nouvelles terres en vignes, au lieu de les culti-ver en blé. Qu'eft-ce que cela prouve ? finon qu'il gagne encore plus d'un coté, qu'il ne perd de l'autre.

3.

3. Il est vrai que cète Province dépendra pour un dixieme plus des autres Provinces pour le blé. Mais toutes les Provinces de blé ne dependent-elles pas de leur coté des autres Provinces pour le vin ?

4. A-mezure que les Provinces de vignobles mettront plus de terres en vignes, le blé enchérira chez elles, mais alors il se mettra plus de terres en blé dans les Provinces de blé.

De là il suit que la Province de vignes gagne plus quant à-prezent à multiplier son vin qu'à multiplier son blé & ses fourages, sans que les Provinces de blé y perdent ; au contraire elles i gagneront, & tout le monde y gagnera.

5. Je supoze que les Provinces de vignobles mettent un dixieme de plus en vigne, & les Provinces de blé un dixieme de plus en blé, les droits du Roi augmenteront d'un dixieme sur le vin qui péye un subside, au lieu que le blé n'en péye point. Voilà pourquoi les Fermiers des Aides souhaitent que cet Arrêt soit revoqué, ou du-moins anéanti par le non-usage.

Troi-

Troisieme Motif, ou Objection III.

La culture des Vignes ocupe beaucoup plus de monde à proportion, que la culture des blés.

R E P O N S E.

1. J'en conviens, mais il en faut toujours revenir à suputer le revenu qu'aportent les terres en vignes. Si tous frais faits il est encore plus grand d'un quart, que le revenu des mêmes terres cultivées en blé, il seroit contre le bon Sens, & contre la bone Politique, de defendre aux propriétaires de faire de nouvelles plantations en vignes.

2. Ce n'est pas un mal, c'est au-contraire un bien pour l'Etat, qu'une Manufacture, utile qui ocupe beaucoup de monde, se multiplie ; & l'on peut juger avec fondement quelle est plus utile que le blé, quand elle s'augmente plus que la culture du blé.

Quatrieme Motif, ou Objection IV.

En multipliant les vignobles & le vin, on rendra le vin à trop bon marché.

R E-

R E P O N S E.

Le propriétaire aura bientôt reconu que ſa terre mize en vignes, tous frais faits, & atandu les caſualitez, luy raporte moins de revenu, que la même terre mize en blé. Ainſi il quitera bientôt de lui-même la culture du vin pour la culture du blé. Mais tandis-qu'avec les ſuputations qu'il ſait mieux faire qu'aucun Intendant, il trouvera qu'il i a à gagner pour lui à mettre de nouvelles terres en vignobles, ſeroit-il raizonable de l'en empêcher ?

Cinquieme Motif de l'Arrêt,
ou Objeċtion V.

Les bons vins perdront leur reputation, & par conſéquent leurs prix ; parcequ'il i aura plus de vins, qui aprocheront de leur bonté diſtinguée.

R E P O N S E.

C'eſt ici le grand motif des ſoliciteurs de l'Arrêt. Il eſt vrai qu'il i aura plus de bons vins, mais eſt-ce un malheur pour l'Etat ? Car ſi d'un coté les vins excélens ſe vendent un moindre

prix,

prix, il arivera que les autres propriétaires, en multipliant ces bons vins,
feront entrer plus d'argent dans la
Province par la multiplication de ces
bons vins.

OBJECTION VI.

Le blé eſt une denrée neceſſaire à
l'Etat, le vin n'eſt pas à beaucoup prez
ſi neceſſaire. Donq il eſt de la bone
Police de mettre plus de terre en blé
que l'on n'y en met, & d'en mettre
moins en vin que l'on n'y en met.

REPONSE.

1. La premiere propozition eſt vraie,
mais la verité de la conſequence dépend de ſavoir, ſi en l'etat où ſont les
chozes il n'y a pas dans le Roiaume
aſſez de blé qu'il n'eſt neceſſaire pour
les habitans, & par conſequent s'il y
eſt trop cher. Car ſi au contraire il
i en a déja trop, non ſeulement il n'i
eſt plus neceſſaire que pour vendre aux
Etrangers qui en manquent: mais ſi
les Etrangers ne nous en demandent
point, ce trop eſt nuizible, en ce qu'il
devient à ſi bon marché, que les la-
bou-

boureurs y perdant une partie de leur
travail ſont degoutez de ſemer du blé,
les anées ſuivantes.

Donq pour encourager les laboureurs
à ſemer plus de blé, il faut qu'ils voient
le blé ſufizament cher.

C'eſt donq le prix du blé, & le prix
du vin, qui doit decider s'il ſeroit plus
utile de mettre plus de terre en blé
qu'en vin. Et qui eſt-ce qui eſt plus
intereſſé à conoitre ces prix le long
de l'anée, que les proprietaires des
terres ?

Et de-là il ſuit que l'on ne ſauroit
mieux gouverner l'Agriculture, qu'en
laiſſant aux proprietaires des terres le
ſoin de calculer ce qui leur raportera
plus de profit, de mettre telle terre
ou en blé, ou en vin, ou en lin, ou
en pâturage, en leur laiſſant leur ancienne liberté de choizir.

2. Des deux denrées, blé & vin,
celle qui eſt plus comode au Comerce,
& plus dezirable pour les Peuples du
Nord, ce n'eſt pas le blé dont ils ont
ordinairement en abondance, mais le
vin, & ſurtout les eaux de vie qui leur
manquent. Donq en ſupozant qu'il y
a anée comune dans le Roïaume plus

de

de blé qu'il ne faut pour les habitans, il eſt du bon gouvernement de favoriſer la denrée la plus comode pour le Comerce. La denrée qui pour le même prix eſt la moitié plus legère à transporter, eſt la moitié plus comode au Comerce. Or du vin pour une piſtole eſt la moitié plus leger que du blé pour une piſtole, & l'eau de vie dix fois plus legère que le blé. Donq il eſt plus raizonable de favoriſer le Comerce étranger du vin & de l'eau de vie, que le Comerce etranger du blé.

Concluzion.

C'eſt au Conſeil de Comerce à emploïer tous les moïens pour augmenter la liberté dans le Comerce, & pour en diminuër toutes les contraintes. C'eſt ſon principal but, & cet Arrêt va directement contre le principal but de ce Conſeil, il contraint les vignerons. Ainſi il paroit que le Roi doit revoquer l'Arrêt du Conſeil, ou faire mander aux Intendans de n'y avoir aucun egard.

ESSAIS
DE
POLITIQUE.

*Ministère des Afaires avec
les Etrangers.*

PREFACE.

TOus les hommes conviènent que
les plus grans malheurs où les
Etats puissent tomber, ce sont les guerres, soit civiles, soit etrangeres ; puisque les hommes, & même les Souverains, i perdent souvent & les biens &
la vie.

Les Particuliers d'une Republique
qui ont des contestations à règler, ne
risquent point, & ne perdent point
pour les faire decider leurs biens & leur
vie. Ç'est qu'hûreuzement pour eux,
ils ont des juges plus puissans qu'eux
& sufizament interessez à faire executer leurs jugemens. Au lieu que les
Souverains n'ont pas encore renoncé à
l'injuste pretention d'être, par la supe-
riorit

.. riorité de force, feuls juges dans leur propre cauze. Et cète injufte pretention les affujettit neceffairement, eux & leurs fujets, à tous les malheurs de la guerre.

Tout le monde convient de meme que le moïen le plus feûr & le moins couteux de les eviter, c'eft la Négociation des Traitez d'Aliance Defenfive avec les Voizins contre des Enemis ambitieux & injuftes ; quoique jufqu'à prezent on n'ait point encore executé le feul moïen de rendre les Aliances inalterables, qui eft de former l'etabliffement de la Diète Europaine.

Ainfi le premier & le plus inportant Emploi du Miniftère qui regarde les Souverains voizins, c'eft de negocier avec eux pour eviter la guerre, & pour conferver le Comerce avec les Nations, par le moïen de quelque Traité d'Aliance durable.

Le fegond Emploi de ce Miniftère, c'eft qu'en cas que le Souverain ne puiffe pas obtenir de fon Voizin, la continuation de poffeffion de tel ou tel territoire, ou la ceffation de tel domage, ou tel dedomagement, de faire en forte qu'il puiffe l'obtenir par la fupe-

rio-

riorité de force, c'eſt-à-dire par une guerre ofenſive.

Il eſt de même de ſon miniſtère, en cas que le Souverain voizin demande les armes à la main des choſes injuſtes, de faire en ſorte de reſiſter avec avantage par une guerre defenſive.

Je raſſemblerai, dans cète Premiere Partie, les Obſervations que j'ai faites ſur ce qui regarde la Negociation. Dans la Segonde, j'y ramaſſerai celles que j'ai entendu faire ſoit pour faire la Guerre avec ſuperiorité & en ataquant, pour la terminer promtement; ſoit pour la faire plus lontems ſur la defenſive, en atendant du ſecours des Aliez. Et dans la Troiſieme, j'y mettrai quelques Obſervations ſemblables ſur la Guerre de mer. Ces Obſervations ſur la Negociation ſont peu de choze, en comparaizon de ce que j'ai fait inprimer ſur la poſſibilité & ſur les moïens de former la Diète Europaine: mais j'ai cru que ce peu même pourroit être utile à mes Concitoyens.

O B-

OBSERVATION I.

Sur les Négociateurs.

1. Dans les tems de Paix, le Miniſtre des Afaires avec les Etrangers a pour but d'augmenter de plus en plus la ſeûreté de l'Etat, par de nouveaux Traitez d'Aliance défenſive avec de nouveaux Souverains, & par des Articles nouveaux avec les anciens Aliez, pour afermir l'Aliance, & pour rendre les ſecours mutuels plus promts & plus grans.

C'eſt ainſi qu'il peut tous les jours augmenter la ſeûreté reciproque des Aliez, & aſſeurer l'execution des Traitez ſur les mariages, ſur les ſucceſſions, ſur les limites, ſur les echanges, ſur les procez entre ſujets de Souverains diferens, & ſur les diferens cas du Comerce.

2. Il a pour but de faciliter le Comerce entre les Nations voizines, parceque chaque Nation gagne au Comerce. Or cète facilité ſe procure reciproquement par des articles de Comerce qui regardent les droits d'entrée & de ſortie des marchandizes co-

H 3

mer-

merſables, par des reglemens, & même
par des comiſſaires perpétuels, dont les
Souverains peuvent convenir pour re-
zider dans des villes frontières, afin d'y
terminer les procez entre particuliers
de Nations diferentes.

3. Il a pour but de profiter des decouvertes de la Nation voizine dans
les Arts les plus inportans à la comodité & a l'agrément de la Sociéré, &
de profiter des bons Reglemens & des
bons Etabliſſemens Politiques qui regardent l'interieur de l'Etat voizin,
pour en faire de ſemblables.

Voilà pourquoi il ſemble que chaque Ambaſſade devroit être compoſée
d'un Chef pour la Negociation, avec
un Secretaire de l'Ambaſſadeur, & de
deux Rezidens, l'un qui aura corres-
pondance avec le Miniſtre des Finances, & l'autre qui aura correspondan-
ce avec le Miniſtre du dedans, pour
faire chacun de leur coté, ſuivant leurs
inſtructions, les obſervations les plus
inportantes : afin que ſoit par les lettres journalieres qu'ils ecriront à leurs
diferens Miniſtres, ſoit par le recueil
general de toutes ces obſervations particulieres, chaque Etat puiſſe tirer de
ſes

ſes Envoyez toute l'utilité qu'il en peut tirer.

Dans toute Negociation le but de deux Souverains qui negocient, eſt le même que le but de deux Marchands; ç'eſt de gagner, chacun de leur coté, à convenir de tels ou tels articles. Car on ne donne rien pour rien, on ne promet rien du ſien pour rien. Mais le Souverain qui fait une propozition, doit pour la faire accepter par ſon Voizin, lui montrer evidemment qu'ils i trouveront tous deux leur avantage.

Comme les deux Souverains, non plus que lés deux Marchands, ne peuvent pas toujours ſe livrer les chozes qu'ils echangent, ou qu'ils donent les unes en conſideration des autres; le poiñct principal de ces Traitez, c'eſt de trouver les moïens de rendre l'execution des promeſſes reciproques la plus ſeûre qu'il eſt poſſible. Mais pour cet efet il faudroit,

1. Convenir que les Diferens qui naîtront entre les Aliez, ſeront ou conciliez, ou jugez dans un Conſeil perpetuel des Plenipotentiaires des Aliez, & jamais par les Armes. Car ſans cela, quelle execution peut-on ſe promettre

H 4

des

des Traitez qui ne peuvent durer que jusqu'à la premiere conteſtation?

2. Pour l'execution de cete ſage Convention, il faudroit que les Voizins, arbitres naturels & non parties intereſſées, fûſſent aſſez puiſſans pour faire executer leur jugement, & aſſez intereſſez à empêcher la guerre, & à faire la depenſe des troupes neceſſaires pour faire executer leur jugement, malgré la reſiſtance du Contrevenant.

C'eſt pour cela que j'ai demontré, dans des Livres inprimez, *que le plus grand & le plus puiſſant de tous les intérêts de tous les Souverains, & même des Souverains les plus puiſſans & de leur Poſterité, étoit de former entre eux une Societé permanente par la ſignature de cinq Articles fondamentaux, tant pour ſe conſerver mutuellement, eux & leur poſterité, pour jamais dans les Etats qu'ils poſsèdent aĉtuèlement, que pour terminer toujours ſans guerre leurs diferens prezens & avenir, ſoit par mediation & conciliation, ſoit par jugement à la pluralité des voix des Aſſociez.*

Cète Negociation generale pour cète ſignature embraſſe toutes les autres Negociations particulieres. J'ai de-

demontré les avantages immenses que
les Souverains tireroient de cète fignature. Ainfi c'eft la plus inportante
de toutes les Negociations prezentes
& avenir. On peut même aizément
prouver qu'il n'y a aucune Negociation particuliere, qui ne foit plus dificile que cète Negociation generale
que je propoze ; & que nul Souverain
n'a aucune feûreté de l'execution d'aucun Traité particulier, s'il n'a pour
garant la focieté generale des Aliez.
L'Arbitrage Europain, la Diète Europaine, comme le Bourgeois de Paris,
a pour garant de l'execution de fon
contrat le Parlement de Paris.

OBSERVATION II.

*La Seûreté & le Salut de l'Etat eft la
Premiere Loi.*

Les Souverains ne font guères de
Traitez d'Aliance, pour faire & pour
partager des conquêtes fur un ou pluzieurs Etats voizins. Et d'ailleurs il
feroit inpoffible qu'ils ne fe fiffent pas
eux - mêmes un jour la guerre, fur le
partage de ces conquêtes.

Le Projèt de partage de l'Empire Romain entre Auguste & Antoine, n'étoit proprement qu'un Projèt provizionel, ce n'etoit qu'une Trève. L'opinion de la durée d'un pareil Traité, etoit une opinion chimérique. C'est qu'ils n'avoient ni juges nommez pour decider leurs diferens futurs, ni juges assez puissans pour les empêcher de prendre les armes, ni juges assez interessez pour faire les frais necessaires d'un grand armement ; afin de faire pancher considerablement la balance d'un coté par une grande superiorité de forces, en joignant ses forces à celui qui accepte le Jugement Arbitral. Aussi leur Traité ne dura-t-il pas.

Je supoze donq que les Traitez d'Aliance se font pour se conserver mutuèlement contre le plus fort qui menace d'ataquer, & que par l'Aliance que le plus Foible contracte il devient beaucoup plus fort, tandis que les conditions de l'Aliance seront exactement executées.

Je dis donq que ces Traitez d'Aliance Defensive ont plus de solidité & de durée, que les Traitez d'Aliance Ofensive.

Le

Le Roi d'Angleterre, Charles II. Alié du Roi de France Louïs XIV. lui declara en 1672 que s'il ne rendoit pas aux Holandois les conquêtes qu'il venoit de faire fur eux, il ne pouvoit pas s'empêcher de fe declarer pour eux contre lui.

Ce procedé d'un Souverain, Ami & Alié, ne devoit point furprendre. C'eft que la premiere Loi fondamentale d'un Etat & d'un Souverain, eft qu'il faut conferver l'Etat & le bien des Sujets, & avoir feûreté de cette confervation. Ainfi toute promeffe d'un Souverain qui cauzeroit ou la perte, ou un grand danger de fon Etat, n'eft pas une promeffe legitime; puisqu'il n'eft pas permis de prendre des engagemens contre la Loi fondamentale, *Salus Populi, falus Reipublicæ, fuprema lex efto.*

Promettre & tenir fa promeffe eft ordinairement utile à l'Etat : voilà pourquoi il faut ordinairement tenir fa promeffe. Mais fi par quelque conjoncture, par quelque evenement imprevu, il arivoit qu'un Souverain eut promis inprudemment des chozes dont l'execution feroit entierement contraire au falut de fon Etat, la premiere

miere loi, qui eſt la loi de la conſervation de ſon Etat, l'oblige alors à ſe
retraćter, & à ne pas tenir ſa parole.
C'eſt que le ſalut de ſon Etat eſt la Loi
ſupreme, à laquelle eſt ſubordonée la
Loi, *il faut tenir ſa parole.* C'eſt que
l'on ſousentend toujours, en cas que
l'execution de cète parole ne mette pas
l'Etat en danger d'être renverſé.

Mais afin que le Souverain à qui
ſon Alié manque de parole, trouve cète
Loi très-equitable & très-raizonable ,
il n'a qu'à ſe mettre pour un moment
à la place du Souverain qui eſt forcé
pour la ſeûreté de ſon Etat à manquer
de parole. La Loi qui dit, *il ne faut
point manquer à ſa promeſſe*, eſt donq
une loi ſubordonée à la Loi *ſalus populi ſuprema lex.*

Si le Roi de France fut devenu par
la conquête de Holande aſſez puiſſant
pour ſubjuguer dans la ſuite l'Angleterre, les Anglois n'auroient-ils pas
eu raizon de ſe plaindre de la conduite de leur Roi, de n'avoir pas obéi à
la premiere loi, à la loi ſuprème;
Salus populi ?

On ne peut pas même demander à
un Souverain l'execution d'un article
d'un

d'un Traité d'Aliance, fi l'execution de cet article lui ote la même feûreté de fa confervation pour laquelle il a commancé ce Traité. Mais hors le cas du danger de la confervation de l'Etat, hors le cas d'un très-grand domage, les Souverains, comme les particuliers, font toujours obligez de tenir leurs promeffes reciproques, quoiqu'il i ait beaucoup à perdre pour eux. Et c'eft aux Souverains voizins, juges naturels de ces cas, à decider fi le danger eft extrème, ou fi la perte eft exceffive, telle qu'eft la perte d'outre-moitié dans les traitez & dans les promeffes mutuelles des particuliers.

Cète lézion d'outre-moitié ne va pas entre Souverains à la caffation des Traitez, comme on a coutume de le juger dans les Parlemens entre particuliers, mais à la perte d'un quart comme il me paroit jufte, afin que la parole ou la promeffe fervent toujours de quelque choze à celui en faveur duquel elle a eté faite.

Les Holandois Aliez de Louïs **XIV.** l'abandonèrent de même avec grande raizon, dezqu'ils virent que les grandes conquêtes qu'il fezoit fur les Efpag-nols

nols en Flandres en 1668. diminuoient
leur propre seûreté, qui etoit le principal but de leur Traité avec la France.

La Reine Anne d'Angleterre, vers
l'anée 1713. abandona aussi très sagement pour elle, & hûreuzement pour
nous, l'Aliance qu'elle avoit faite avec
l'Empereur & ses Aliez, dezqu'elle vit
que par de grandes conquêtes sur la
France l'Empereur aloit devenir lui-
même trop formidable à l'Angleterre.
Les Holandois suivirent bientôt son
exemple pour leur propre seûreté,
contre l'Empereur qui aloit devenir
trop puissant.

Il faut toujours en revenir à la premiere loi. La conservation & la seûreté de l'Etat est la loi supérieure à
toutes les loix. C'est la baze de toutes
les negociations & de tous les engagemens que l'on prend par les Traitez.
Ainsi toutes les promesses sousenten-
dent toujours l'execution de cète loi.

Cète conduite de la Reine Anne
étoit fondée sur la raizon. Car l'Empereur peut-il lui reprocher l'inobservation d'un Traité, dont l'observation
auroit oté, ou du-moins fort diminué
la seûreté de son Roïaume ? Et cète
seû-

feûreté n'étoit-elle pas elle-même la baze des Traitez d'Aliance que les Aliez avoient fait contre la France ?

Ainſi dezque la France etoit devenuë fort inferieure en forces, & epuiſée d'hommes, d'argent, de credit; dezqu'elle ne pouvoit plus être formidable à l'Angleterre, à la Holande; dezque la feûreté de l'Angleterre & de la Holande etoit devenuë parfaite du coté de la France aſſez afoiblie; il etoit de la feûreté de ces deux Etats, de vizer à empêcher les grandes & rapides conquêtes qu'aloit faire l'Empereur.

Cète conduite de la Reine d'Angleterrë & des Holandois eſt encore fondée ſur l'équité. Car l'Empereur peut-il equitablement reprocher à la Reine Anne, d'avoir fait ce que lui-même auroit fait à la place de cète Reine ? Et n'eſt-ce pas par la règle de l'Equité Naturelle, que l'on doit juger de la prudence & de la bonté des Actions Humaines ?

De tout cela il eſt aizé de conclure que pour faire un Traité d'une Aliance durable, il ne faut point que les Aliez vizent à conquérir; car ils ſe brouilleróient bientôt ſur les partages
des

des conquêtes. Mais une Aliance purement Defenſive, ſi elle eſt generale,
ſera très - durable ; parceque les Aliez
ſeront ſufizament puiſſans , & ſufizament intéreſſez à empêcher la guerre,
& à faire exécuter leur jugement arbitral .

OBSERVATION III.

Otages du Prince vaincu.

Un Traité d'Aliance, dont les deux
articles principaux ſeroient qu'en cas
que les Aliez fûſſent victorieux, ils ren-
droient les places fortes de l'Enemi
vaincu mais demantelées ; & en ſegond
lieu qu'ils auroient en otage de la continuation de la paix les douze principaux ou Miniſtres ou Oficiers du
Prince vaincu à leur choix , ſeroit
très - raizonable.

On peut voir avec evidence que tout
Prince puiſſant qui ofrira de faire aliance aux conditions de ne rien garder de
ſes conquêtes, & de ſe contenter, pour
les frais de la guerre, de la ruine des
fortifications des places conquiſes, &
de la priſon de douze hommes de ceux
qui lui ſont le plus à craindre, ne peut
jamais

jamais être qu'un Alié très - dezirable pour les Princes moins puiſſans.

Cete coutume qui s'établiroit entre les Nations d'Europe, de punir d'une priſon de vint ans les douze hommes qui auroient le plus contribué au com-manſement & à la durée de la guerre contre la Republique Europaine, ſeroit que les principaux, ſoit Miniſtres, ſoit Generaux d'armée, demanderoient leur congé, ou avant la guerre, ou même durant la guerre. Mais il ſeroit juſte que les Miniſtres qui auroient paſſé chez les Etrangers, eûſſent dans leur exil le double de biens, d'apoin-temens, & de revenus qu'ils auroient quité, & cela à prendre par le Traité ſur les recètes des terres conquiſes par les Aliez, avec le payment des trou-pes neceſſaires aux Aliez, pour exiger anuellement ſur les vilages conquis, mais reſtituez, le tribut anuèl pour la ſubſiſtance de ces equitables refugiez.

Le Souverain eloigné du Péys où ſe fait la guerre, contribuëroit volon-tiers pour mettre à la raizon celui qui trouble la paix & la ſeûreté publique, & qui ne veut point d'arbitres. Cete contribution ſe feroit pour la ſeule

conſidération des avantages d'une Paix
Perpétuelle, à condition que les autres
Aliez contribuëroient de même en
hommes & en argent, chacun à proportion du revenu de ſon Etat, en cas
qu'il eut bezoin d'eux, ou contre quelque Voizin, ou dans quelque Guerre
Civile .

OBSERVATION IV.

Bureau des Négociations.

Il eſt certain que pour perfectioner
nos conoiſſances ſur la Negociation,
il ſeroit neceſſaire de former dans l'A-
cadémie Politique un Bureau où l'on
pût aprendre à negocier; afin que les
Académiciens pûſſent facilement ſe
communiquer les uns aux autres leurs
conoiſſances & leurs obſervations ſur
les Ouvrages où l'on traite de ces matieres , & en particulier pour examiner le nouveau plan de la Diète Europaine que j'ai propozé après Henri le
Grand, comme la Négociation la plus
ſolide, la plus facile, la plus courte,
& la plus inportante de toutes.

Ce Bureau compozeroit ou aſſem-
bleroit les divers Ouvrages qui ſont
ne-

neceſſaires aux Negociateurs, pour
epargner à ceux qui s'apliquent à cete
Sience, & beaucoup de tems, & beaucoup de frais. Ils travailleroient durant dix ans à perfectioner cete eſpece
de Biblioteque, & en feroient enſuite
une nouvelle édition.

Une des raizons pour laquelle nous
avons ſi peu de bons Livres & de bons
Memoires ſur la Negociation, c'eſt
que les Cenſeurs ordinaires des Livres
ne veulent rien aprouver ſur ces matieres, de peur de ſe tromper, & de peur
de déplaire, ou aux Miniſtres, ou aux
Souverains voizins. Or le Bureau de
l'Académie Politique pour la Negociation, auroit & le loizir pour lire,
& l'autorité conſtante pour reformer
& pour aprouver les Ouvrages. Car il
ne faut pas penſer que les Miniſtres
qui ſont trop ocupez, puiſſent faire le
métier de Cenſeur de Livres: & cependant d'un autre coté, il eſt de la
grande utilité publique que les bons
Ouvrages ſur la Negociation ſe perfectionent inceſſament, & que ceux
qui veulent etudier cete matiere pour
mieux ſervir leur Nation, puiſſent fa-

 cile-

cilement acheter tous les bons Ouvrages corigez par l'Académie.

Cete Biblioteque de la Negociation contiendroit tout ce qu'il i a de bon dans tous les Auteurs qui en ont ecrit, & epargneroit ainfi la lecture de quantité de Livres qui fe repetent neceffairement, & l'embarras que cauzent aux lecteurs la contrarieté d'opinions, en voïant les opinions vraies bien apuyées par des faits, & bien demontrées par de bons raizonemens, & les opinions fauffes bien refutées.

On peut obferver que dans le fiftème de la Paix Perpetuelle, cete Biblioteque contiendroit très-peu de volumes ; au lieu que dans le fiftème prezent des Guerres & des Treves, cete Biblioteque contient un grand nombre de gros volumes.

L'Etabliffement d'un pareil Bureau eft un moïen general de perfectioner le Miniftere de la Negociation, & ce moyen general comprend tous les autres moyens particuliers, foit inventez, foit à inventer.

OB-

OBSERVATION V.

Négociations avec Rome pour les penſions ſur les Benefices, pour la nomination du Roi aux Prieurez, & pour les penſions ſur les Abayes & autres Comunautez qui ne ſont point en commande.

Observations Preliminaires.

La raizon demande dans toute Societé, *que les revenus que diſtribuë aux Oficiers publiqs celui qui gouverne les Afaires publiques, ſoient toujours proportionez à l'utilité que chacun de ces Oficiers publiqs procure dans ſon emploi à cete Societé. Cète même raizon demande par conſequent que les Revenus Ecleziaſtiques ſoient tellement diſtribuez, que la Societé Crétienne en ſoit mieux ſervie par un plus grand nombre de bons Ecleziaſtiques laborieux, & qu'elle en reçoive la plus grande utilité qu'elle en puiſſe reçevoir.*

Quand on s'eloigne de ces regles, on s'eloigne de l'equité de l'ordre de la Raizon Supreme, c'eſt-à-dire de la route que nous preſcrit la Providençe. Ainſi tout tombe bientôt dans le de-

I 3

zordre

zordre qui déplait à l'Auteur de l'Ordre, & le tout à la honte de celui qui gouverne, & au grand préjudice de ceux qui sont gouvernez.

Il n'est donq pas etonant que l'Eglize que nous regardons avec raizon comme la plus raizonable de toutes les Sociétez Humaines, ait pris pour maxime generale de son gouvernement, *que les revenus destinez à sa partie enségnante doivent être distribuez, autant qu'il est possible, & aux travailleurs les plus utiles, & au plus grand nombre qu'il est possible, & à proportion de l'utilité des services qu'ils rendent dans leurs emplois dans la partie de l'Eglize enségnée.*

Comme chaque Etat Crétien est obligé de pourvoir à la subsiltance de ceux qui enségnent ce qu'il faut croire, & surtout ce qu'il faut faire pour eviter l'Enfer & pour obtenir le Paradis, il est arivé que les Loix ont sagement etabli une certaine portion de certains fruits de la terre, pour certains Ecleziastiques tels que les Curez.

Il est arivé que les Princes & les Particuliers ont donné, & aumôné même des fonds de terres pour les Evêchez & pour les Abaïes ; & que

de

de ces divers fonds ſe ſont formez en divers lieux divers Benefices, toujours dans la vuë de procurer la plus grande utilité à l'Eglize enſégnée, c'eſt-à-dire à la Societé Seculiere, & à la pepinière des Ecleziaſtiques.

La permiſſion ſans bornes que les Loix avoient laiſſée aux Particuliers, d'ajouter de nouveaux fonds à chacun des Benefices ; l'opinion ſalutaire que les fondations pour des Aumones, & autres Euvres de Bienfaiſance, diminuoient les peines du Purgatoire ; la multiplication des habitans des environs des Abayes ; l'augmentation de la culture des terres des Abayes ; l'augmentation du Comerce du Roiaume ; le perfeſctionement des Arts ; les defrichemens, les deſſèchemens faits par les Religieux ; toutes ces cauzes par ſucceſſion de tems ont concouru à augmenter tellement les revenus de certains Benefices, que ces revenus ſont devenus exceſſifs, ſoit par comparaizon à d'autres Benefices auſſi utiles à l'Egliſe, ſoit par raport à l'utilité que procurent prezentement à la Societé des Fideles des Titulaires de ces Benefices trop riches.

I 4

De

De là il eſt arivé que de deux Evêchez qui avoient pareilles Fonctions,
pareil nombre de Diocézains, l'un a
prezentement le double, le triple du
revenu de l'autre. L'Archevêché de
Tours, par exemple, vaut environ
quatre mille onces d'argent de revenu
charges péyées, ce qui a paru autrefois ſufizant pour cete grande place;
tandis que Cambray, que Narbonne,
valent cinq fois plus; tandis que To-
lede en Eſpagne vaut quarante fois davantage ſans avoir des fonctions plus
utiles à l'Eglize, que celles de l'Archevêché de Tours; & tandis que
l'excez de ces revenus de ces riches
Aſchevêchez pouroit être emploïé,
par des penſions perpetuèles, à ſupléer
à ce qui manque à d'autres Evêchez
pauvres, ou à faire travailler utilement
pluzieurs autres Ecleziaſtiques, ou à
recompenſer par des penſions ceux qui
ſe diſtinguent entre leurs pareils par
des travaux utiles à la Societé Crétienne.

La diſtribution de ce trop de revenu pourroit ſervir à augmenter entre
eux une ſalutaire emulation, à qui dans
ſon emploi travailleroit avec plus de
çon-

conſtance & de ſuccez, pour rendre le ſalut des Crétiens plus aſſeuré par des Euvres de juſtice & de bienfaizance.

L'Abaye de Saint Bertin en Flandres, par exemple, tant pour l'Abé Regulier que pour les trente deux Religieux qui i ſont, vaut cent ſoixante mille livres de revenu; tandis que d'autres Abayes de pareil nombre de Religieux & de pareilles fonctions en ont aſſez, & n'ont pas cependant la cinquieme, la ſizieme partie de ces revenus; tandis que l'Abé & l'Abaye de la Trape qui ont quatre fois plus de Religieux, & plus edifians, n'ont pas la dixieme partie du revenu de Saint Bertin, & tandis que cete dixieme partie ſuſit à l'Abaye de la Trape quatre fois plus nombreuze.

Les fonctions des Evêques, des Curez, des Adminiſtrateurs des Coleges & des Hôpitaux ſont bien plus utiles aux Fideles, que les fonctions des Religieux de la Trape, qui ne ſont pourtant pas inutiles à l'Egliſe enſégnée. Car on peut remarquer que plus la vie des Religieux & des Religieuzes eſt edifiante, moins leur ſubſiſtance coute à l'Etat. C'eſt particulierement par

cete epargne fur leur dépenfe, & par
les ouvrages de leur mains, qu'ils trouvent les moïens d'être utiles aux pauvres Fideles.

Mais pour en revenir aux Benefices,
c'eft l'excez de leur revenu par raport
à l'utilité des fonctions des Beneficiers,
qui a determiné l'Eglife à chercher les
moïens de doner partie de ce revenu
exceffif à d'autres Ecleziaftiques en
forme de penfions, afin que l'Eglize
pût reçevoir des travaux de ces nouveaux ouvriers une augmentation d'u-
tilité : & ç'a eté un des motifs du
Concordat entre le Pape Leon X &
le Roi François I.

D'un autre coté, l'Eglize & les Ma-
giftrats Seculiers ont toujours regardé
comme une maxime conftante, *qu'il
ne faut point divizer les Benefices, ni les
fonds des Benefices* ; parceque les titres
primordiaux, les enfégnemens, & les
actes de poffeffion d'un Benefice font
tous en même lieu, dans les mêmes
archives ; ils fe prêtent des fecours
mutuels, des preuves mutuelles; ils
s'y confervent plus feûremeut, que s'ils
etoient feparément en divers lieux.
D'ailleurs celui qui régit ces biens,

eft

eſt ſupozé dans le même lieu, & il faut epargner à ces fonds les frais du grand nombre de Regiſſeurs, en tenant ces biens réünis ſous le même Titulaire, qui ait intérêt de reparer les bâtimens, de mettre les fonds en valeur, de faire rendre la juſtice par les Oficiers, & d'empêcher les uzurpations qui ſe font toujours plus facilement quand les titres ſont diſperſez, parcequ'ils ſont bientôt après egarez.

Et à cete ocazion je dirai qu'il ſeroit avantageux que le Roi laiſſât aux Religieux l'adminiſtration de tous les biens de leur Abaye & des reparations, à condition de péyer à l'Abé & à d'autres Penſionaires la moitié du revenu du Benefice; tous deux, c'eſt à dire l'Abé & les Religieux, y gagneroient.

Ainſi il a falu que l'Eglize ait trouvé par les Penſions Ecleziaſtiques le ſecret de divizer les revenus d'un Benefice trop riche, ſans neanmoins en divizer les fonds ni les titres; & de faire donner ainſi une partie de ces revenus exceſſifs, par le Titulaire du Benefice, à d'autres Ecleziaſtiques plus utiles que lui à l'Eglife enſégnée, mais toujours ſans divizer le Benefice.

Il y avoit déja lontems que l'Eglife avoit fagement mis en œuvre la metode des Penfions Ecleziaftiques avant le Concordat, & ç'a eté en fuivant cete metode que François I. & fes Succeffeurs, ont toujours eu le pouvoir de créer des Penfions Ecleziaftiques fur les Benefices de leur nomination, lorsque le revenu en eft trop fort par raport à l'utilité des fonctions du Beneficier ; & cela en faveur d'autres Ecleziaftiques qui fe diftinguent par leurs fervices, ou qui n'ont pas encore le neceffaire pour fe rendre capables de mieux fervir l'Eglize.

Outre les fonctions d'Evêques & de Curez, il i a encore cinq manieres principales de fervir l'Eglize enfégnée.

1. Dans l'adminiftration des Hôpitaux.

2. Dans l'adminiftration des Coleges.

3. Dans l'adminiftration des Seminaires.

4. Dans les Ecrits de Morale Cretienne.

5. Dans la Predication.

Or n'eft-il pas jufte de recompenfer par des recompenfes extraordinaires, ceux qui fe diftinguent dans ces cinq efpeces de fervices ?   PRE-

PREMIERE PROPOSITION.

La nomination aux Penſions Ecleziaſti-
ques vacantes ſeroit auſſi utile à
l'Eglize, que la création de
ces Penſions.

Il eſt à propos de remarquer que ce
n'eſt pas ſur le Beneficier titulaire que
la penſion que donne prezentement le
Roi eſt créée, c'eſt ſur le Benefice;
auſſi ne finit-elle pas par la mort du
Titulaire du Benefice, mais aujourdui
elle finit par la mort du Penſionaire.
Mais au lieu que cete Penſion devroit
ſubſiſter au profit d'un nouveau Penſionaire, elle s'eteint ſans aucune nouvelle raizon au profit du Titulaire du
Benefice.

Si les Penſionaires & les Beneficiers
vivoient toujours autant d'anées les
uns que les autres depuis leur nomination contemporaine, il n'i auroit jamais de penſions vacantes, que lorsque
les Benefices vaqueroient : mais comme tantôt le Titulaire prédecéde, &
tantôt le Penſionaire, il eſt de l'interêt
de l'Eglize enſégnée que le Roi puiſſe
continuër la penſion vacante en faveur

d'un

d'un nouveau Travailleur, ou en faveur du Titulaire même, s'il le merite par la continuation de ſes travaux.

Pour juger que c'eſt l'avantage de l'Egliſe enſégnée, il ſufit de voir que lorsqu'une penſion vient à vaquer, il i a ſouvent des Ecleziaſtiques auſſi capables que le premier Penſionaire qui meritent cete penſion; & qu'ainſi il eſt auſſi utile pour l'Eglize que cete penſion ſoit continuée pour le ſegond Penſionaire, qu'il etoit utile qu'elle fut créée pour le premier.

Il i a en France cent Evêchez ou Archevêchez, il i a huit cens Abayes, il i a auſſi deux cens Prieurez, qui d'ancieneté ſont à la nomination du Roi. On peut ſupozer prezentement en France mille Penſionaires, tant ſur les Evêchez que ſur les Abayes. Or ſi le Roi avoit par un Indult le droit de nomer aux penſions vacantes, il auroit le double de penſions à diſtribuër, & par conſéquent le double de ſervices à eſperer pour l'Egliſe enſegnée.

Le Roi pouroit nommer le Titulaire même à la penſion vacante, en conſideration des ſervices qu'il rend à l'Eglize ou à l'Etat. Il maintiendroit
ainſi,

ainſi, & augmenteroit l'emulation entre les Beneficiers, pour les engager à
mériter par leurs ſervices diſtinguez
des diſtinctions pareilles, ce qui tour-
neroit à l'Utilité Publique.

Si je joins ici l'intérêt de l'Etat à
l'intérêt de l'Eglize, c'eſt que l'Eglize
n'eſt autre choze que le total des Fideles, ſoit enſégnans, ſoit enſégnez.
Et ce total des Fideles François, qu'eſt-
ce autre choze que l'Etat de France?
Et d'ailleurs les Biens temporels de
l'Eglize enſégnante ne ſont-ce pas des
conceſſions de l'Etat? Ne ſont-ils pas
conſervez & augmentez par le bon
gouvernement des Fideles Seculiers?
Les Ecleziaſtiques péyez par l'Etat,
ne ſont-ils pas Oficiers de l'Etat, deſti-
nez particulieremant à rendre les Peuples juſtes, de peur de l'Enfer & de
déplaire à Dieu, & pour les rendre
plus bienfaizans les uns envers les autres, pour plaire à Dieu & pour en
obtenir le Paradis? Leur devoir n'eſt-
il pas de les faire ſouvenir tous les jours
de la Segonde Vie, qui eſt ſi proche?

Je ne blâme pas les penſions qui ſeroient donées ſur des Benefices aux
Chevaliers de Malte, & aux Chevaliers

liers de St. Lazare, pourvu qu'elles fuſſent donées par Scrutin à ceux qui ſe diſtingueroient dans le ſervice de l'Etat & de l'Eglize. Car ces Chevaliers ne peuvent-ils pas ſervir en certains cas plus utilement l'Eglize enſégnante & enſégnée, que quantité de Beneficiers fainéans? Ainſi n'eſt-il pas juſte qu'ils ſoient quelquefois preferez, dans la diſtribution de ces penſions, à certains Ecleziaſtiques?

Enfin les intérêts de l'Eglize enſégnante ſont intimement liez avec ceux de l'Eglize enſégnée. Et efectivement que deviendroient les Biens Ecleziaſtiques, ſi faute de bons Oficiers de Guerre, & autres bons Serviteurs de l'Etat dans les Negociations, ces Biens tomboient entre les mains des Proteſtans ou des Infideles; ſi les Biens etoient ruinez par les Guerres; ſi les Loix Civiles n'etoient point conſervées en vigueur par les Magiſtrats; ſi les Negociateurs ne fezoient pas finir les Guerres, & ne rendoient pas les Traitez de Paix & d'Aliance tous les jours plus ſolides?

Mais il eſt à propos qu'alors ces Penſionaires ſeculiers & mariez ſe ſoient
fort

fort diſtinguez entre leurs pareils : &
c'eſt ſeulement dans ce cas de diſtinction, que les Gens de guerre qui ſont
entrez dans ces ſortes de Chevalerie,
ſont dignes de pareilles penſions.

Il eſt vrai que jusqu'ici le Roi n'a
pas mis en euvre la metode du Scrutin
entre les claſſes de trente pareils, pour
conoitre avec certitude ceux qui dans
les diverſes claſſes ſont les plus diſtinguez entre leurs pareils par leurs ſervices, ſoit envers l'Eglize enſégnante,
ſoit envers l'Eglize enſégnée. Il eſt
vrai que la voie pernicieuſe des Recomandations eſt encore en uzage :.
mais je montre ailleurs la maniere de
mètre en euvre la metode du Scrutin
perfectioné, pour l'avantage du Roi
& de la Nation, & la choze n'eſt rien
moins qu'inpraticable.

En general il eſt evident que plus
l i aura de recompenſes à eſperer, en
ſervant utilement l'Eglize enſegnante
& l'Eglize enſegnée, plus il i aura de
bons travailleurs ocupez à l'envi à qui
leur rendra de plus grans ſervices;
ſurtout lorsque le mariage ſera devenu
libre aux Ecleziaſtiques qui auront
obtenu les diſpenſes des Canons de

quelques Conciles de l'Eglize Latine,
comme il eſt libre, d'ancieneté aux
Ecleziaſtiques de l'Eglize Greque, &
comme il l'a eté dans les premiers ſie-
cles dans l'Eglize Latine.

Il me ſemble qu'on a trop negligé
les Conſeillers-Clercs des Parlemens
Il i en a qui ſervent très-bien l'Eglize
en fezant obſerver la juſtice. On devroit atacher à chaque Parlement a
moins une penſion de trois ou quatre
cens onces d'argent, & que le Ro
nommât un des trois que les autres
Conſeillers auront choizi par la metode perfeċtionée du Scrutin. On a auſ
trop negligé les Adminiſtrateurs Ecleziaſtiques des Hôpitaux & des Coleges
Il i a parmi les Religieux d'excelens
Predicateurs, d'excelens Ecrivains,
d'excelens Direċteurs de Coleges. I
feroit à ſouhaiter que par le même Indult que le Pape doneroit au Roi, les
Religieux qu'il nommeroit par Scrutin fûſſent capables de Penſions Ecle-
ziaſtques. Et l'on fait que comme il
font acoutumez à peu, ce feroit beaucoup d'une penſion de cent onces
d'argent, qui valent à prezent environ
fix cens livres. Voila le moïen d'exci-

te

ter les bons Efprits à travailler toute
leur vie utilement pour la Société
Cretienne.

Il faudroit faire des Compagnies de
trente Ecleziaftiques ou environ, &
atacher une penfion de fix cens livres
à chaque Compagnie, pour celui qui
feroit choizi entre eux par la voie du
Scrutin perfectioné.

Pour perfectioner ces Compagnies,
le Roi n'auroit qu'à en nommer quatre qui nommeroient un cinquieme,
les cinq nommeroient par Scrutin un
fixieme, & ainfi de fuite.

S'il i a déja tant de perfones qui
travaillent bien fans efperance de recompenfe, combien y en auroit-il davantage qui feroient de nouveaux eforts
pour la plus grande utilité du Publiq,
s'il y avoit des recompenfes feûres
atachées aux fervices diftinguez, & dif-
tribuées par le Scrutin perfectioné,
qui auroit exclu par l'intervention des
Comiffaires toute recomandation, toute cabale, & tous les mauvais fujets?

Sur les Moyens.

1. Je ſupoze que le Pape fut convenu par les raizons precedentes, qu'il eſt plus avantageux même à l'Eglize enſegnante, que le Roi nomme aux penſions vacantes, que de laiſſer les chozes en l'état où elles ſont. En ce cas il acordera un Indult pour cete nomination, parcequ'il voudra ce qui eſt de plus avantajeux au ſervice de l'Eglize enſegnante & enſegnée.

Je ne pretens pas que la Cour Romaine, non plus que les autres Cours, ſe mette en mouvement pour le ſeul intérêt publiq de la Societé Cretienne: mais on verra qu'elle i trouvera ſon intérêt particulier.

2. Afin de ne faire aucun tort aux Evêques & aux Abez qui ſont déja pourvus, cet Indult portera *que le pouvoir de nommer aux penſions vacantes ne regardera que la penſion que le Roi créera dans la ſuite, & qu'il pourra i nommer le Titulaire du Benefice.*

3. A l'égard des Ecleziaſtiques à pourvoir, ils auront plus d'eſperance d'avoir plutôt quelque revenu neceſſaire, pour attendre plus facilement le
titre

titre même de quelque Benefice, ou
quelque plus grosse pension ; puisque
le Roi aura plus de mille pensions de
plus à distribuër. Ainsi la partie de
l'Eglize ensegnante qui est pourvuë,
n'i perd rien ; l'autre partie non pourvuë, i gagne ; & l'Eglize ensegnée i
gagne l'augmentation du nombre des
travailleurs, & l'augmentation de leurs
travaux, pour rendre les Fideles plus
justes & plus bienfaizans pour plaire à
Dieu.

4. Cet Indult laisse les Manses des
Religieux dans leur etat naturel. Ces
pensions ne diminuënt que la part des
Abez, dont quelques-uns ne sont pas
si utiles à l'Eglize que leurs Pensio-
naires. Et puis si dans la suite les Abez
se distinguent par l'utilité de leurs travaux, ils pouront eux mêmes obtenir
des pensions sur leurs propres Abayes,
ou sur d'autres Abayes.

5. A l'egard des droits que prendra
la Daterie pour chaque pension de cent
onces d'argent, & des autres plus fortes à proportion, il faut qu'elles soient
expediées par simple signature : mais
ce sera un article facile à regler, par
exemple vint cinq pour cent, ou le

quart de la penſion, quatre cens francs de droit d'Annate pour ſeize cens francs de penſion. Ce qui eſt de certain, c'eſt qu'il faut que la Daterie y gagne. Or il eſt evident que par la multiplication du double des penſions & des Penſionaires, elle y gagnera au moins le double de ce qu'elle gagne prezentement.

6. On m'a aſſuré que de pareils Indults pour des penſions perpetuelles ſur certains Benefices, & pour nommer aux penſions vacantes, ont eté déja acordez au Roi d'Eſpagne, & ſurtout au Roi de Portugal par diferens Papes, & même en faveur d'hommes mariez. Ces exemples montrent, & le pouvoir du Pape, & l'utilité de ces penſions.

7. Il n'eſt pas douteux que celui qui peut *le plus*, peut *le moins*. Or le Pape peut par un Indult doner pouvoir de nommer à tel Evêché, à telle Abaye, & de créer telle penſion deſſus. Cela eſt *le plus*. Donq il peut donner au Roi le pouvoir de nommer à une penſion déja créée lorsqu'elle vaquera, ce qui eſt certainement *le moins*.

S;

8. On mettra dans le Brevet du Roi le nom du Benefice, le nom du Dioceze, le nom du penſionaire mort, le nom du penſionaire ſucceſſeur, la quantité de la penſion, & la charge de prendre des provizions du Pape, avant que d'avoir droit d'exiger rien du Titulaire.

9. Il ſe peut bien faire que cete negociation trouve des obſtacles ſous un Pontificat, qu'elle ne trouvera pas ſous un autre.

SEGONDE PROPOSITION.

Il ſeroit utile à l'Eglize & à l'Etat, que le Roi nommât par Scrutin aux Prieurez dependans des Abayes auxquelles il a droit de nommer.

Les Abez Commandataires de France ont plus de deux mille Prieurez à leur nomination, qui, le fort portant le foible, peuvent valoir, charges locales péyées, neuf cens livres ou mille livres par an. On ſait que la plupart des Abez y nomment des ſujets qui n'ont aucun merite diſtingué par raport à l'Eglize enſegnante & enſegnée, mais uniquement comme parens, comme amis, comme recomandés par des

                     per-

perfones puiffantes , ou pour les recompenfer des fervices perfonels : au
lieu qu'il feroit de l'intérêt des Ecleziaftiques & du refte de l'Etat, que les
Titulaires de ces Prieurez fûffent choizis par le Roi avec le fecours du Scrutin, entre ceux qui auroient mieux fervi
le Publiq, & les plus capables de mieux
fervir les Fideles dans les cinq ou fix
diferens travaux dont nous avons parlé.

Pour cet efet il feroit à propos d'un
coté que le Pape, par un Concordat
femblable à celui de Leon X, & pour
les mêmes motifs de rendre la diftri-
bution de ces Benefices beaucoup plus
utile à l'Eglize, donât au Roi le pouvoir de nommer dorénavant en commande aux Prieurez dependans des
Abayes Royales qu'il doneroit à l'a-
venir, à condition que les nommez
prendroient leurs provizions à la Daterie , & payroient la Demie-Annate
qui feroit reglée pour toujours de concert avec le Nonce.

Comme le Pape feroit dificulté de
paffer ce Concordat, de peur d'oter
un droit à l'Abé vivant, il fufira de
faire la loy par raport aux Benefices
qui viendroient à vaquer.

Pour

Pour conferver les droits & les titres de ces Prieurez, le Roi pourroit réunir ces Prieurez aux Abayes les plus proches, & les charger de penfions à proportion, en deduizant le tiers pour les reparations, charges locales & frais de regie; par exemple, d'un Prieuré qui raporteroit neuf cens livres de bail à ferme, l'Abaye en rendroit fix cens livres de penfion, & l'Indult du Pape porteroit ce pouvoir du Roi.

Un Magiftrat, habile dans les Matieres Beneficiales, qui a lu ce Memoire, m'a dit qu'il n'etoit pas neceffaire de l'intervention du Pape, & qu'il fufizoit que le Titulaire, ou en reçevant fon Brevet de nomination, ou après avoir pris poffeffion du Benefice, donât fa procuration au Roi, foit pour nommer aux Prieurez, & pour créer deffus tant de livres de penfion au profit des Penfionaires, & qu'il m'ofroit de prouver fa propofition : mais je ne laiffe pas de croire que du moins quant à prezent, il eft à propos de s'adreffer à la Cour de Rome.

Pour faciliter cet Indult à la Cour de Rome, il eft à propos que la Daterie y gagne le double pour les expe-

ditions futures, de ce qu'elle gagne
pour les expeditions prezentes de ces
Prieurez. Cet article ſera facile à
regler.

TROIZIEME PROPOSITION.

Abayes Regulieres de Flandres.

Il i a en France, & particulierement
en Flandres, pluzieurs groſſes Abayes
Regulieres, & des Maizons de Char-
treux fort riches. Il ſeroit à propos
que le Roi, au lieu d'y nommer des
Abez, pût créer deſſus des penſions
montant à la moitié du revenu de l'A-
baye. Cela ſe peut de même facilement
obtenir, en doublant ce que la Daterie
y gagne prezentement ; & la Societé
Crétienne en reçevra un grand avantage, par les nouveaux Penſionaires.

CONCLUZION.

Ces trois Negociations ſont d'autant plus faciles, qu'elles ſont avanta-
geuſes au ſervice du Publiq, aux Ecleziaſtiques diſtinguez par leurs talens
& par leurs vertus, & egalement avan-
tageuſes au Roi & à la Cour de Rome.
C'eſt ce que je m'étois propozé de démon-
trer.

AVER-

AVERTISSEMENT.

Au reste je ne fais cas du succez de ces trois Negociations avec Rome, qu'autant que ces Pensions & ces Prieurez donnez par le Roi pouront exciter les sept ou huit cens meilleurs Esprits du Roïaume à se distinguer entre leurs pareils, par leurs eforts, par leurs talens, & par leurs travaux; les uns par la bone administration des Hôpitaux, des Coleges, des Seminaires; les autres par leurs bons Ecrits & par leurs Sermons éloquens; les autres par de bons Memoires Politiques; les autres par leurs lumieres dans des Bureaux; les autres par leur activité dans diférens Emplois, pour la plus grande utilité de la Societé Crétienne.

Or ces eforts, ces talens distinguez, dependent uniquement de la justice du Roi dans la distribution de ces recompenses, à proportion du degré de merite national des Pretendans: & cete repartition ne peut jamais se faire avec justice parmi les Sujets, que par l'etablissement & le perfectionement de la metode du Scrutin: mais le Roi peut facilement l'établir, comme je l'ai montré ailleurs.

OB-

OBSERVATION VI,
INPORTANTE.

Sur le Sistème de l'Equilibre en Europe.

Il ne faut pas se tromper, le Sistème de l'Equilibre entre les deux plus puissantes Maizons de l'Europe toujours jalouzes & enemies, qui dure depuis deux cens ans, quoique peu solide, quoique sujet à beaucoup de guerres, & par conséquent à beaucoup de dépense, vaut encore mieux que rien pour la conservation des Etats moins puissans.

Nous en jugerions de même, si nous etions à la place ou des Anglois, ou des Holandois, ou des Danois, ou du Roi de Sardaigne, ou du Roi de Portugal, ou des autres Princes, ou des autres Republiques, qui ont moins de puissance.

Il ne faut donc point être surpris que tant que ces Princes moins puissans ne verront aucune autre seûreté de leur conservation, que de maintenir en Europe une grande puissance pour contrebalancer la grande puissance de la France, qui peut un jour devenir am-

ambitieuze & injufte ; ils ne faſſent tout ce qui eſt en eux pour garantir *l'indivizibilité* des Etats de l'Empereur, qui quant à prezent eſt abſolument neceſſaire pour maintenir cète grande Puiſſance rivale de la France.

Il ne faut donq point être etoné, ſi ces Souverains regardent prezentement comme très - avantajeuſe pour eux cete *indivifibilité* en faveur de la Maizon de Lorraine, qui eſt d'autant plus eloignée de rien concerter avec la France, qu'elle croit depuis lontems avoir à ſe plaindre de la France, qui s'eſt en dernier lieu retenu le droit de traverſer la Lorraine avec des troupes, & d'empêcher de fortifier Nanci.

Il ne faudra pas même être etoné, ſi le cas de la ſucceſſion de l'Empereur arivant, ils fourniſſent efcctivement des troupes conſiderables au Duc de Lorraine Empereur futur, & s'ils font une grande depenſe pour maintenir ce te *indivizibilité* ſi neceſſaire au Siſtème de l'Equilibre ; puisqu'ils regardent jusqu'ici ce Siſtème, comme le ſeul rempart qu'ils puiſſent opoſer à l'ambition injuſte & poſſible à l'avenir de la France.

Moïen

Moïen de leur faire abandoner le Siſtè-
me de l'Equilibre, & leur Traité de
*Garantie de l'*Indivizibilité *qui en*
eſt une branche.

Il i a un moïen infaillible pour les
determiner tous à abandoner le Siſtème de l'Equilibre & de l'*Indivizibilité*.
C'eſt de leur montrer le Plan de la
Diète Europaine, dans lequel ils trouvent tous incomparablement plus de
feûreté pour la conſervation de leurs
Etats, pour la garantie de l'execution
de leurs Promeſſes mutuelles, & de
beaucoup plus grans avantages que
dans le Siſtème de l'Equilibre.

Je ſupoze que le Lecteur ait lu avec
attention les cinq Articles fondamentaux cy-joints, & qu'il ait enfin compris qu'il n'i a qu'un pareil Traité
d'Aliance generale entre les dix-huit
ou dix-neuf principaux Souverains
d'Europe qui ſoit durable, & qui puiſſe rendre entre eux la Paix inalterable
par l'etabliſſement de la Diète Europaine.

Avan-

Avantages que les Aliez de l'Empereur trouveront à préferer le Traité d'Aliance Generale pour l'Etablissement de la Diète Europaine, au Traité d'une Aliance partiale pour faire durer l'Equilibre.

1. L'Etablissement de la Diète Europaine leur doneroit seûreté entiere & perpetuèle contre la puissance de la France & de la Maizon de France, quand on supozeroit que les trois Branches de cete Maizon demeureroient toujours unies. Car la puissance de cete Maizon ne feroit pas la cinquieme partie de la puissance du reste des Souverains d'Europe; qui etant unis par les cinq Articles fondamentaux de la Diète Europaine pour leur propre conservation, n'auroient jamais rien à craindre. Nulle separation d'aucun Alié ne sera jamais à craindre dans l'Aliance generale, puisqu'il seroit seul contre tous les autres, & qu'il auroit à craindre la destruction totale de sa puissance. Au lieu que dans le Sistème de l'Equilibre, les Aliances n'étant que partiales, les Aliez pouront toujours s'en détacher inpunément, pour

entrer

entrer dans une autre Aliance partiale.

2. L'Etabliſſement de la Diète Europaine leur doneroit feûreté entiere &
toujours durable, contre toute Guerre civile & etrangère. Car qui feroient
les Sujets qui voudroient fe revolter
contre leur Prince, s'ils voïoient opozée toujours contre eux toute l'Europe ? Et quel Prince auroient - ils à
craindre pour enemi, feûrs d'avoir
pour eux le reſte entier de l'Europe?
Au lieu que dans le Siſtème de l'Equilibre & des Ligues partiales, les Rebelles & les Voizins peuvent efpérer
du fecours des Ligues partiales opo-
zées.

3. Cet Etabliſſement leur procureroit une prodigieuze diminution dans
la dépenſe militaire, deſtinée à la confervation de leurs Etats : au lieu que
leur Traité de Ligue partiale pour
l'*Indivizibilité* les engage au-contraire
à de nouvelles dépenſes extraordinaires, très-grandes & très-durables.

4. La Diète Europaine leur doneroit feûreté entiere de l'execution perpetuelle de leurs Promeſſes refpectives :
au lieu qu'aucune Ligue partiale ne

peut

peut jamais doner pareille feureté, parcequ'elle ne peut jamais être inaltérable & durable.

5. La Diète Europaine leur doneroit feûreté parfaite pour leur Comerce, & pour toujours: au lieu que le Siftème de l'Equilibre ne leur peut jamais doner pareille feûreté, puisque les Aliances partiales ne durent qu'autant que durent les paffions & les intérêts aparens des Parties contractantes.

Avantages de l'Empereur pour préférer l'Etabliffement de la Diète Europaine.

1. L'injuftice du Siftème de l'*Indivizibilité* eft evidente à l'egard de l'Archiducheffe cadète. Or l'Empereur qui eft jufte, ne poura plus être acuzé d'injuftice envers fes Enfans & les Gendres. Il pourvoira d'un coté beaucoup mieux à la confervation des Princes de l'Europe, & fera bon pere, jufte, en fignant le Traité de l'etabliffement de la Diète Europaine, & en lonant l'Italie, ou partie de l'Italie à à Fille cadète, & en mariage au Prince Dom Carlos.

2. Par l'efet de cete Diète, il sera incomparablement plus seûr que ses Gendres vivront toujours en Paix, & qu'ils n'auront jamais aucuns Voizins à craindre, qu'il ne le pouroit jamais être par aucune Aliance partiale.

3. Il aura l'avantage de pouvoir facilement marier l'Archiducheſſe ſa Fille cadète dans la plus grande Maizon d'Europe, ce qu'il ne peut que dificilement dans le Siſtème de l'*Indivizibilité*.

4. Il aura beaucoup plus de seûreté par l'Aliance generale, que tous ses Etats iront à ſes deux Filles, & non aux Filles de Joſef, qu'il n'en auroit par aucun Traité d'Aliance partiale.

5. Il aura l'honeur de mettre l'Europe dans une Paix inaltérable & perpetuèle : au lieu que par le Traité de l'*Indivizibilité*, il la plonge de nouveau dans des Guerres perpétuelles.

6. Tant que l'Empereur refuzera l'Archiducheſſe cadète à Dom Carlos, je doute qu'il puiſſe compter prudemment que l'Eſpagne exécutera toujours le Traité de Garantie de l'*Indivizibilité*. N'a-t-il pas au contraire ſujet

ſujet de craindre que l'Eſpagne ſe joindra aux Aliez de la Maizon de France, pour envahir une partie de l'Italie, tandis que les Archiducheſſes Jozefines ataqueront la Siléſie, la Bohème & la Hongrie? Et voilà pour cent ans de guerres.

7. Il aura par l'Aliance generale beaucoup plus de ſeûreté qu'il n'a contre les Turcs, & les trois quarts moins de depenſe à faire pour cete ſeûreté, que celle qu'il fait prezentement.

Avantages du Roi de France.

1. Par l'etabliſſement de la Diète Europaine le Roi aura beaucoup plus de ſeûreté contre toute ſedition, contre toute revolte, & par conſequent plus d'autorité dans ſon Etat, que par aucune Ligue partiale.

2. Il aura beaucoup plus de ſeûreté contre les Enemis du dehors, dans les Minoritez & autres tems d'afoibliſſement de la Monarchie.

3. Il aura par cete Aliance generale durable beaucoup plus de ſeûreté de ſon Comerce etranger contre les Nations comerſantes & contre les Pirates,

 qu'il

qu'il n'en peut jamais avoir par une Aliance paſſagère.

4. Il aura la gloire d'avoir rectifié & exécuté l'admirable Projet de ſon quatrieme Aieul.

5. Il aura fortifié une branche de la Maizon de France, de partie des Etats d'Italie que poſſede la Maizon d'Autriche.

6. Il aura par ce Traité pour l'etabliſſement de la Diète Generale de l'Europe une diminution actuelle de plus de trente milions par an, en troupes par terre & par mer. Or combien pourra-t-il faire de chozes utiles à ſes Sujets, avec ſes trente milions par an? Au lieu que les Ligues Partiales l'engageront à plus de quarante milions de depenſe extraordinaire par an.

7. Les autres avantages de ce Traité d'Aliance Generale ſont calculez dans le Livre inprimé, & montent pour la France à la valeur de plus de cent milions, tous frais faits.

Au lieu que les avantages que la France peut tirer des Traitez d'Aliances Partiales ſont très-peu de choze en eux-mêmes, très-incertains par le peu de durée & de ſeûreté de ces Ligues

gues Partiales , & d'une prodigieuze
depenſe par les grandes & longues
guerres où ils engagent cete Couronne.

8. Souvent dans les Ligues Partiales, les Aliez ſe divizent par des ſujets
de conteſtation & par des ſujets de
mécontentement. L'experience ne
nous aprend que trop qu'elles ne ſont
pas durables. Combien s'eſt-il fait de
Traitez en Europe, ſeulement depuis
dix-huit ans ? Combien de promeſſes
reſpectives, ſans execution ?

Au lieu que dans le Siſteme de la
Diète Generale de l'Europe, nul ne
peut s'en ſeparer inpunément ; puiſqu'il n'i a point de Ligue Partiale
opozée, de laquelle il puiſſe s'apuyer.
Nul ne poura ſe diſpenſer d'executer
ſes promeſſes, & les jugemens de la
Diète Europaine.

9. La France ne risque rien en propozant à tous une Aliance Generale :
au lieu qu'elle risque beaucoup, en
laiſſant faire aux Enemis, & en fezant
elle-même des Aliances & des Ligues
Partiales ; puiſqu'elle risque la dépenſe extraordinaire, & les malheurs
d'une longue guerre.

10.

10. A faire cete propozition, les Aliez de la France i gagneront, en ce qu'elle rendra le Refuzant ſuſpeẛ à ſes propres Aliez d'une ambition immoderée & injuſte, qui menace ſes Voizins. Car la propozition de l'etabliſſement de la Diète Europaine a cet avantage, qu'elle eſt un moïen ſeûr de diſcerner les Ambitieux injuſtes des Pacifiques bienfaiſans.

11. Si la Negociation de l'établiſſement de la Diète Generale ne réüſſit pas d'abord avec tous les Souverains, elle réüſſira ſeûrement avec la plupart, qui ſigneront les cinq Articles, & alors cete Ligue deviendra de beaucoup la plus forte.

12. Si la Negociation réüſſit par l'acceſſion de tous les principaux Souverains, la France en ſera beaucoup plus tranquile, & le Miniſtere en ſera d'autant plus afermi, qu'un pareil Projet commencé aura bezoin, pour être achevé, de la main de celui qui aura eu le bonheur de lever les grans obſtacles des commencemens.

13. L'ocazion n'a jamais eté ſi belle, & ſi la France la perd, elle court grand risque de retomber bientôt malgré elle dans

dans un labirinte de guerres très - des-agréables, & dont l'efet naturel fera d'ebranler le Miniftere par le mécon-tentement des Peuples, auxquels on fera forcé de faire péyer des fubfides extraordinaires.

Moïen de fe dégager honorablement d'une
Aliance Partiale, pour entrer dans
l'Aliance Generale.

Il eft evident que les mêmes raizons qui doivent perfuader les Anglois, les Holandois, les Danois, les Pruffiens, & l'Empereur lui - même, à préferer le Sifteme de la Diète Europaine, doivent faire goûter auffi le même Plan de Ne-gociation aux Princes pretendans à la Succeffion de l'Empereur : mais il i en a encore de particulieres pour eux, qui diminuënt fort la valeur de leurs efpérances fur le partage des Etats de l'Empereur.

1. L'Empereur peut laiffer des mâ-les, alors voilà toutes les efperances de partage de ces Princes pretendans en-tierement anéanties.

2. Le cas de la mort de l'Empereur fans mâles peut très-bien n'ariver que

dans vint ans. Or d'ici - là combien de changemens confiderables en Europe, qui changeront les intérêts des Princes qui font entrez dans des Aliances Partiales avec la France. Ces changemens afoibliront ces Aliances, & par confequent les efperances de ces Princes.

3. Ces Princes pretendans peuvent être vaincus, autre cas très - poffible : voilà qui diminuë encore beaucoup la valeur réelle de leurs efperances.

4. Ce qui eft de certain, c'eft une très - grande depenfe dans une longue guerre : & il n'eft pas moins certain que cete depenfe, & les autres pertes que cauzera la guerre en diferens rems, feront peut - être quatre fois, dix fois plus grandes que ne vaudront leurs conquêtes, en cas même qu'ils devienent conquerans.

5. Quelle feûreté auront les Princes pretendans à la Succeffion des Etats de l'Empereur, de ne fe pas brouiller eux - mêmes entre eux fur leurs partages ?

6. Ont-ils certitude que la France ne fe laffera pas d'une grande & longue depenfe, qui ne luy raportera aucun

de-

dedomagement proportioné à cete depenfe? Incertitude qui diminuë encore beaucoup la valeur réelle de leurs efperances.

7. Par le Traité d'Aliance Generale ces Princes pretendans gagneront une grande diminution dans la depenfe militaire, & augmenteront cependant de beaucoup les feûretez de leur confervation : ce qui bien eftimé, vaut vint fois plus que des efperances de conquêtes, qui couteroient beaucoup plus cher qu'elles ne vaudroient.

Avec ces confiderations qui font folides, ces efperances bien pezées ne valent presque rien : au lieu que les grans avantajes que ces Princes tireront d'une Aliance generale & perpetuèle, & de l'Etabliffement d'une Diète generale de l'Europe, & d'une Garantie perpetuèle contre toute entreprize de l'Empereur fur les droits de la Diète particuliere d'Alemagne, vaudront incomparablement plus que leurs autres efperances d'agrandiffement.

L 5   OB-

OBSERVATION VII.

INPORTANTE.

Sur les diférens avantages que la France doit fe propozer dans fes Negociations prezentes. Mai 1733 .

Les diférens intérêts de la France font les diférens buts qu'elle doit fe propozer.

Je ne mets point au nombre de fes intérêts, ni grandes ni petites conquêtes.

1. Elle n'en feroit pas plus hûreuze, & fes Sujets prezens n'en feroient pas plus riches.

2. Elle ne pourroit jamais i réüffir qu'en recommanfant une grande & longue guerre, c'eft à dire fans des depenfes immenfes, qui feroient dix fois plus grandes que la valeur des conquêtes.

3. Le dézir de conquérir & de s'acroitre aux depens des autres, rend les Ambitieux formidables à tous leurs Voizins, & même à leurs Aliez: & le Roi de France devenant ainfi l'Enemi comun de l'Europe, les autres Souverains

verains auroient grand intérêt de s'unir pour l'afoiblir, & faire des conquêtes sur lui-même, comme ils s'unirent par la Ligue d'Ausbourg vers 1688. au grand domage de la France.

4. La France ne peut pas s'agrandir au préjudice de ses Voizins, sans rompre les derniers Traitez faits avec eux : ce qui seroit une injustice manifeste, qui revolteroit tous les Voisins. Et de là il suit que l'agrandissement de Territoire de la France dans les conjonctures prezentes, est absolument inpossible par la voie de la Guerre. Il faut que les Souverains sages & pacifiques ne pensent qu'aux diférens moïens de s'agrandir par de bons Reglemens, & par des Etablissemens salutaires, chacun au dedans de son Etat.

5. Or si la France en l'état où elle se trouve, est encore très-formidable, surtout si on lui voit des dézirs de s'acroitre, peut-elle esperer raizonablement que ses Voizins consentent jamais à agrandir son Territoire par aucune Negociation ?

Con-

CONSEQUENCE I.

De là il ſuit que nous n'obtiendrons
jamais la confiance de nos Voizins,
tant qu'ils nous verront des vuës d'a-
grandiſſement de Territoire. Ils nous
regarderont au contraire comme un
Enemi futur, qui ne cherche que l'o-
cazion de s'agrandir aux dépens de ſes
Voizins ; & dont par conſequent il eſt
à propos de diminuër la puiſſance,
ponr n'avoir plus à le craindre.

CONSEQUENCE II.

Entre Voizins jaloux & mécontens
des procedez, il n'i a pas loin à la
defiance, nous en avons deja vû des
efets. Or la defiance & le mecont, en-
tement peuvent porter nos Voizins à
s'unir, pour nous faire la guerre ſur
terre & ſur mer avec ſuperiorité ; &
nous debaucher tous nos Aliez, ſous
pretexte de notre inſatiable ambition,
& de ce que nous ne voulons pas
prendre des mezures pour eviter les
troubles & les guerres que la Succeſ-
ſion de l'Empereur peut faire naître
en Europe.

PRO-

PROPOZITION.

Je propoze donq pour nos intérêts principaux, 1. de renoncer sincerement à tout agrandiſſement de Territoire, & d'en doner des preuves ſolides & evidentes à tous nos Voizins; & nous le pouvons, par la ſignature des cinq Articles.

2. Je propoze d'aquerir de nouveaux Aliez, & de nouvelles ſeûretez de la conſervation de nos Provinces, de notre Comerce, & de nos Colonies en l'etat qu'elles ſont; & nous le pouvons, par la ſignature des cinq Articles fondamentaux de l'Etabliſſement de la Diète Europaine.

3. Je propoze de diminuër de plus de trente milions par an les depenſes de la Guerre, en aquérant une plus grande ſeûreté pour notre conſervation; & nous le pouvons, par cete ſignature.

4. Je propoze de rendre dezormais l'execution perpetuelle des promeſſes des Souverains entierement ſeûre par les garanties des Aliez, & nous le pouvons par cete ſignature.

Je

Je vais expliquer ces quatre Intérêts principaux du Roi & de la Nation.

PREMIER INTERET.

Pour faire ceſſer les défiances & les mécontentemens de nos Voizins qui nous décrient comme ambitieux injuſtes qui ne voulons point de paix ſolide, & pour leur ôter tout pretexte de nous ataquer, nous pouvons dès-à-prezent leur declarer que nous voulons bien entrer avec eux dans un Traité de Garantie reciproque de la conſervation des Etats que chacun poſſede actuèlement, & meme entrer dans la Garantie de l'execution des promeſſes contenuës dans leurs derniers Traitez, mais à deux conditions.

La premiere, que les dix - huit ou dix-neuf principaux Souverains d'Europe ſigneront les Articles fondamentaux du Traité, dans tant de mois.

La ſegonde, que dans ces Articles fondamentaux les Aliez conviènent que les Diferens futurs entre deux Aliez ne ſe decideront plus par la voie de la Guerre, mais dans la Diète generale & perpetuèle de l'Europe, par

la

la mediation, ou du-moins par le jugement des autres Aliez, à la pluralité des voix pour la provizion, & cinq
ans après aux trois quarts des voix
pour la definitive.

Il eſt evident que ſans ces deux conditions, la Guerre recommencera en
Europe. Or dans le Siſteme de Guerre,
nulle ſeûreté de l'execution des promeſſes de Garantie. Or ſans ſûreté de
l'execution des Promeſſes, pourquoi
faire de nouvelles Promeſſes & de nouveaux Traitez ?

CONSEQUENCE I.

De là il ſuit que les conteſtations
ſur lesquelles les Parties ne ſauroient
convenir, ne peuvent être decidées
que par trois voies. 1. Par la Guerre.
2. Par Mediation & Transaction.
3. Par le Jugement de la Diète generale de l'Europe, dans laquelle les
Princes Aliez feront juges tour à tour
les uns des autres. Or ſi les dix-huit
ou dix-neuf principaux Aliez d'Europe n'ont pas ſigné la Convention, les
Souverains n'ont plus ni Mediateurs
ni Juges. Ainſi il ne leur reſte plus
que la voie de la Guerre.

CON⁴

Consequence II.

De là il ſuit que le Prince qui propoze de pareilles ſeûretez, n'a aucun
dézir d'agrandir ſon Territoire aux
depens de perſonne.

Consequence III.

De là il ſuit que le Prince qui propoze de pareilles ſeûretez veut la Paix,
& veut la rendre perpetuelle & inalterable.

Consequence IV.

De là il ſuit que quelques Souverains ont pu être etonez que la Cour
de France, qui marque prezentement
tant de dezir d'entretenir la Paix, &
de l'afermir entre tous les Souverains
pour toujours, ait refuzé d'entrer dans
des engagemens avec l'Empereur, l'Angleterre & quelques autres Souverains,
pour eviter les Guerres qui doivent
naître à la mort de l'Empereur, s'il ne
laiſſe point d'enfant mâle.

Mais il eſt evident que ſi le Roi a
refuzé d'entrer dans un nouveau Traité, à-moins qu'on ne lui acordât quelque dedomagement pour les grans frais
qu'il

qu'il prevoïoit que lui cauzeroit son engagement, il a compris que les Princes d'Europe ne se determinant point à prendre la voye de l'Etablissement de la Diète Europaine pour decider les contestations futures, tout restoit dans le Sisteme de Guerre presque perpetuelle.

Or en ce cas le Roi qui doit avoir à cœur les intérêts de la Nation, a eu raizon de ne vouloir pas prendre un si grand engagement, à moins qu'on ne lui promît un dedomagement proportioné à la depense que ses Sujets seroient obligez de faire en guerre, durant pluzieurs anées, pour efectuër ses engagemens.

On ne doit donq pas être etoné, si en supozant le *Non-arbitrage* où tout reste en Europe dans une agitation & dans une viciffitude perpetuelle, il a demandé quelque dedomagement de ses depenses futures.

On ne doit pas non plus être etoné si les Anglois & les Holandois n'ont pas demandé de dedomagement. L'augmentation de seûreté pour leur conservation est pour eux un dedomagement sufizant pour leur depense:

au lieu que la France fufizament puif-
fante n'a pas à craindre, comme eux,
une Puiffance fuperieure.

Consequence V.

De là il fuit que fi les Souverains
veulent prendre des mezures feûres
pour rendre la Paix perpetuelle, le
Roi de France n'a plus bezoin d'aucun dedomajement pour des depenfes
qu'il n'aura point à foutenir ; & que
les grans avantages qu'il tirera de la
perpetuïté & de l'inalterabilité de la
Paix, le dedomageront avantageufe-
ment de tous agrandiffemens de Territoire qu'il pourroit jamais efpérer
dans le Sifteme du Non-arbitrage & de
la Guerre presque perpetuelle.

Segond Interet.

Le fegond but du Roi, & un de
fes grans intérêts, c'eft d'avoir une
grande augmentation de feûreté de la
confervation de fes Etats, de fes Colonies, & de fon Comerce des Indes
& de l'Afrique, & même durant des
minoritez de fa Maizon, & dans les
autres tems d'afoibliffement, fans être
obligé à aucune augmentation de dépenfe.

penſe. Or il eſt evident qu'il auroit
cete grande augmentation de ſeûreté,
par l'acceſſion des dix-ſept ou dix-huit
principaux Souverains au Traité fondamental de Paix perpétuelle.

TROISIEME INTERET.

Un grand intérêt prezent de la Nation Françoiſe, c'eſt d'être dechargée
de plus de la moitié de la depenſe militaire. Or ſi le Traité fondamental
de l'Etabliſſement de la Diète generale & perpetuèle d'Europe etoit ſigné
dans quelques mois par les dix-huit
ou dix-neuf principaux Souverains,
il eſt evident qu'ils n'auroient qu'à
convenir, à la Diète generale, de Comiſſaires pour être prezens au licen-
ciement d'un quart des troupes, & trois
mois après d'un autre quart &c.

QUATRIEME INTERET.

Le Roi a un grand intérêt d'avoir
ſeûreté entiere de l'execution des promeſſes que lui feront les autres Souverains. Or il aura cete ſeûreté entiere, quand tous les principaux Souverains d'Europe ſeront garans de cete

 exccuexecution : & ils auront d'autant plus de chaleur à pourſuivre l'execution de ces promeſſes, qu'ils feront intereſſez à dezirer toujours l'execution des promeſſes que d'autres leur auront faites. Car nous ſomes d'autant plus zelez pour l'obſervation de la juſtice, que nous avons à craindre les injuſtices.

CONCLUZION.

Il eſt evident qu'avec pareilles propozitions les Souverains commenceront à nous regarder comme des Voizins très-juſtes, très-pacifiques, & dignes de leur confiance. Il eſt evident de-même que ceux qui ne voudroient pas les accepter, doneront un juſte ſoupſon qu'ils ne ſont pas vraiment pacifiques, & qu'ils ne font de Traitez que dans le deſſein de les rompre, de tromper leurs pareils, & de s'agrandir aux dépens de leurs Voizins.

OBSERVATION VIII.

Aplication de la Metode du Scrutin per-fectioné au Roïaume de Pologne.

Je fupoze 1. que lorsqu'il vaque un Evêché en Pologne, la haute claſſe Ecleziaſtique (pepinière des Evêques) compozée de trente Candidats au-moins de trente ans, nomme au Roi trois d'entre eux dont il en choiziſſe un pour remplir la place vacante.

Je fupoze 2. que les Evêques nomment d'entre eux au Scrutin trois Comiſſaires, pour empêcher toute cabale intérieure & extérieure dans l'Election par Scrutin, que ces Comiſſaires interrogent en fecret les trente Electeurs, pour favoir s'ils ont eté folicitez pour quelqu'un, & qu'ils aïent le pouvoir d'exclure pour trois ans de voix active & paſſive quiconque fera acuzé par deux temoins qui afirmeront avoir eté folicitez pour lui. Ils porteront au Roi les billets de fcrutin de chacun des Elizans où feront trois noms, & au pied du billet le nom de l'Elifant cacheté de fes armes.

Je fupoze 3. que pour remplir une place dans la haute claſſe Ecleziaſti-

 que

que, la clafſe inférieure Ecleziaſtiqu
compozée de trente, au moins de vint
cinq ans, nomme au Roi trois d'entre eux.

Je ſupoze 4. que lorsqu'il vaque ur
Palatinat, la claſſe de la Haute Nobleſſe (pépinière des Palatins) compozée de trente Candidats de trente an:
au moins, tous tirez par ſcrutin de la
claſſe inférieure de la Haute-Nobl ſſe
au-moins de vint-cinq ans, nomme au
Roi trois d'entre eux dont il choiziſſe un; que les Evêques Cumiſſaires
aſſiſtent de même au Scrutin pour em-
pecher toute cabale, & portent les
billets de ſcrutin au Roi, qui les ou-
vrira, & les fera tranſcrire en leur
prezence, pour conoitre les trois qui
ont plus de voix.

Je ſupoze 5. que le Roi & la Republique ſtatuënt que le Trône venant
à vaquer, il ne pourra être rempli que
par un Palatin, choizi au ſcrutin qui
ſe paſſera au Palais devant les Evêques
Comiſſaires au jour indiqué dans la
Capitale. Ils porteront les billets de
ſcrutin au Primat au Palais. Il les ou-
vrira, il les fera tranſcrire devant lui,
pour voir celui de tous qui a le plus

de

de voix, & montera enfuite à la Tri-
bune pour le declarer à l'affemblée des
Evêques, des Senateurs, des Palatins,
& des Nonces de tous les Palatinats
de la Couronne.

Avantages de l'Etabliffement des Claffes
fupérieures & inférieures, & de la
Métode du Scrutin perfectioné.

Ce qui doit determiner les hommes
à perfectioner leur Gouvernement par
de nouveaux Etabliffemens falutaires,
c'eft la confideration des grans maux
qu'ils font ceffer, & des grans avantages qu'ils procurent. Or on va voir
combien ce nouvel Etabliffement du
Scrutin perfectioné feroit ceffer de
maux en Pologne, & combien grans
feroient les avantages qu'il procureroit
aux Polonois.

PREMIER AVANTAGE.

Les grans Intérêts du Publiq ne feront
plus facrifiez injuftement en Pologne
à de petits Intérêts des Particuliers.

Qu'eft-ce qui arive dans ce Roïaume quand les Emplois publiqs fe ven-
M 4 dent

dent par des Maitreſſes, par des Favoris, par des Miniſtres, par des Comis, ou en argent ou en ſervices? On voit dans de grandes Places des imbéciles gouvernez eux - memes par des ſecretaires avides. On i voit des hommes coleres, injuſtes. On i voit des pareſſeux, des fainéans, des débauchez. Au lieu que l'on i verroit des hommes habiles, laborieux, indulgens, juſtes, fermes, & patiens. Ainſi il n'eſt pas etonant que la plupart des Afaires Publiques ſoient mal gouvernées dans ce Roïaume, & que le Peuple ſoit malhûreux d'avoir de pareils Supérieurs.

Segond Avantage.

Les meilleurs moïens pour aquérir les Vertus & les Talens utiles au Publiq deviendront en Pologne les meilleurs moïens pour aquérir de la Conſideration, de grandes Places, & de grans Revenus.

Les Elizans ne pouvant point cabaler, ni pour eux - mêmes, ni pour leurs parens, ni pour leurs amis, ne doneront jamais leurs voix à leur parent

rent ni à leur ami, que dans le cas
où ils croiront que d'autres qu'eux les
regarderont comme un des trois qui
a le plus de merite national, de talens
nationaux, de vertu nationale ; c'eſt
à dire de zele pour le Bien publiq de
la Nation. Car nul ne veut donner
ſa voix inutilement : & dèsqu'elle ne
peut lui ſervir de rien pour ſon intérêt particulier, il eſt vizible qu'il ai-
mera toujours mieux l'emploïer utilement pour procurer l'Intérêt Publiq,
dans lequel il a toujours quelque pe-
tite part, que de la rendre tout-à-fait
inutile.

Et cete part de l'Intérêt Publiq ne
paroitra pas ſi peu inportante à ce Particulier, quand il conſiderera quel
bonheur ce ſera pour lui de ne plus
trouver dans ſes afaires que des hommes raizonables, doux, patiens, juſtes,
eclairez, bienfaizans, zelez pour le
bonheur de ceux qui ſont dans leur
voizinage & dans leur dépendance ; &
quand il conſiderera que chacun des
Elizans fezant toujours comme lui leur
devoir dans la pratique du ſcrutin, on
pourra d'un coté mezurer ſeûrement
la grandeur des talens & de la vertu

　　　　des

des hommes par la grandeur de leur Place, & de l'autre vivre trez-hûreuzement avec des perſones très-hûreuſes & très-vertueuzes.

TROISIEME AVANTAGE.

Augmentation de l' Emulation pour les Talens & pour la Vertu.

De là il ſuit que les Ecleziaſtiques & les Nobles de Pologne ne diſputeront plus, qu'à qui ſera plus juſte, plus bienfaiſant, c'eſt-à-dire plus patient, plus poli, plus laborieux; parceque toutes les recompenſes publiques des talens & des vertus, c'eſt-à-dire les honeurs & les revenus publiqs, feront toujours uniquement diſtribuées par le Scrutin Perfectioné à ceux qui feront reconus par leurs pareils pour avoir le plus de mérite national.

Or on voit que par cete Metode, la Pologne ſera de tous les Roïaumes le mieux gouverné & le plus hûreux, s'il eſt le premier à la mètre en pratique, & à la perfectioner, en l'étendant tous les jours ſur tous les Emplois Publiqs.

O B-

OBSERVATION IX.

Principes pour defendre les anciennes Libertez de l'Eglise Gallicane contre les Pretentions exceſſives des Ecrivains de la Cour de Rome ; par exemple, le Droit de dépoſer les Rois.

PRINCIPE.

Il eſt evident que ces pretentions conteſtées regardent le Temporel des Rois, & qu'il eſt decidé formellement dans l'Evangile qu'il faut *rendre à Cézar ce qui eſt à Cézar*, à l'Empereur ce qui eſt à l'Empereur. Il n'y a dans le monde nule Autorité infaillible, qui puiſſe décider rien de contraire à cete decizion de l'Evangile.

CONSEQUENCES.

De là il ſuit que l'on ne doit compter que pour des opinions humaines & peu certaines, les jugemens des Papes, les opinions des Téologiens, ſoit anciens ſoit modernes, les interpretations de l'Ecriture, les deciſions des Conciles Provinciaux ou Nationaux, quand il i en auroit ſur telle ou telle pre-

pretention ; puisqu'il n'y a rien en cela d'infaillible.

De là il ſuit que le Defenſeur des
Rois, après avoir fait remarquer que
les Paſſages de l'Écriture qui regardent les conteſtations ſont entierement
& nettement pour les Rois, fera ſagement de citer contre les Auteurs
Italiens pluzieurs opinions des anciens
Papes, & des Téologiens anciens &
modernes ; preuves non decizives &
très-foibles en elles - mêmes, puisque
ce n'eſt rien d'infaillible ; mais cependant trez - concluantes contre ces Auteurs Italiens, qui n'en ont pas d'une
autre eſpece pour leur opinion. C'eſt
ce que l'on apèle *Argumentum ad ho-
minem.*

CONCLUZION.

En ſe tenant etroitement ataché à
ce principe ſans s'en ecarter, il ſera
facile de refuter plènement, & avec
evidence, les ſofismes des Ecrivains qui
ſoutiennent les pretentions exorbitan-
tes de la Cour de Rome contre l'Autorité des Souverains, & particulierement contre nos anciennes Libertez.

La maxime que l'on doit ſuivre avec
Rome, c'eſt *nihil innovetur*, rien de
nou-

nouveau, fi ce n'eft de concert. Il faut des bornes aux dezirs reciproques pour entretenir la Paix, qui eft le fonde-ment de tous les biens qu'aporte la Societé.

Par tout ailleurs où il s'agit de per-fectioner inceffament dans un Etat les Etabliffemens Humains & la Difci-pline Ecleziaftique, cete maxime feroit fauffe & pernicieuze. Il faut tâcher de profiter des lumieres de nos ancê-tres, & d'y ajouter fans ceffe les nô-tres, comme ils ont fait eux-mêmes à l'egard de leurs premiers ancêtres; mais toujours de concert, & jamais par force.

Il eft jufte que le petit nombre de ceux dont la raizon eft plus eclairée, atande que les autres qui font en plus grand nombre foient arivez au même poinct de vuë. C'eft à l'homme à atendre les enfans. La raizon croift plus vite en certains hommes, mais elle croift par tout & dans tous les ordres de l'Etat en même tems. Et j'efpere que dans mille ans la Raizon Humaine aura fait un tel progrez, que le commun des petits fecretaires des Intendans de Provinces fauront

plus

plus de Politique à trente - cinq ans, que je n'en sai prezentement. A esprit egal, à travail egal, il faut que de generation en generation les disciples devenus maitres surpassent, vu l'âge, les anciens maitres qu'ils avoient cinquante ans auparavant.

Il nous reste parmi le Peuple mal instruit, & parmi la plupart des Hommes qui n'ont pas le loizir de filozofer, un grand nombre d'opinions ridicules, qui sentent bien l'enfance du monde. Mais le monde croist insensiblement en lumieres, & le Marchand de la ruë St. Honoré d'aujourdui le mieux instruit, seroit un aigle en comparaizon du Marchand de la même ruë d'il i a cent - cinquante ans. Et sûrement quelque eloquence qu'on emploïât pour remuër les esprits des Pariziens d'aujourdui, on ne viendroit plus à bout de les persuader de commanser & de soutenir la fole Guerre de la Ligue. Ils conoissent beaucoup mieux le raizonable, & se défient beaucoup plus du vizionaire, que leurs ancêtres, & que ne faizoient les fameux seize Capitaines de la Milice de Paris sous Henri III.

MI-

MINISTERE
DE LA
GUERRE
AVEC LES ETRANGERS.

PREFACE.

LE Fondement de toute Societé, c'eſt un Arbitrage permanent, une Aſſemblée perpetuelle de Juges qui terminent les Diferens qui naiſſent entre les Aſſociez.

Ces Juges ont une fonction princi-pale : c'eſt de faire obſerver les Loix qui ſont en vigueur, les articles des Ordonances du Legislateur, les arti-cles des Traitez entre Particuliers ; qui ſont les Loix qu'ils s'impozent mutuellement, & de faire executer leurs propres jugemens, qui ſupléent ſouvent à ce qui manque aux Loix.

Cete execution ne peut ſe faire que par deux moyens. Le premier eſt la ſuperiorité de la force que la Societé prête aux Juges. Et le ſegond c'eſt la peine *ſufizante* decernée contre qui-conque violera la Loi, & encore cete
peine

peine decernée a-t-elle bezoin de la force pour être un moyen eficace.

Souvent il n'i a point de Loi, ni de Convention pour le Cas propozé. Alors en attendant qu'il i ait une Decizion generale pour tel Cas non prevû par la Loi, ces Juges font en droit de décider par provizion, ce que la Loi n'a pas encore decidé definitivement.

Ainfi les Hommes ont trouvé l'invention de fupléer par art à deux défauts de l'Humanité. Le premier, le défaut d'intelligence fufizante pour difcerner la juftice. Et le fegond eft le défaut d'equité de ceux qui font interreffez dans l'afaire conteftée.

Jufqu'à ce que le Projet de *Diète Europaine* pour terminer fans guerre les Diferens entre Souverains, & pour rendre par confequent la Paix perpetuclle, ait eté accepté de tous les Souverains d'Europe, les uns après les autres, il ne faut pas compter que les Crétiens foient jamais fans guerre actuelle, ou fans crainte d'une guerre prochaine : crainte bien fondée, qui engage les Souverains fages à entretenir des troupes, & à faire toutes les

autres

autres depenſes neceſſaires pour ſe tenir ſur leurs gardes , & pour n'être
pas pris au depourvu : depenſes reſpectives & très-conſiderables , & très-
onéreuzes aux Sujets.

Les Traitez que deux Souverains
font entre eux , ſont des loix volontaires qu'ils s'inpozent : mais par malheur pour eux , ils ne dépendent pas,
comme deux citoyens qui contraƈtent
enſemble , d'une force ſupérieure qui
les puiſſe contraindre , ſous des peines
ſufizantes à tenir leurs promeſſes reciproques. Ainſi ces Souverains , ſous
divers pretextes , ſe croient bientôt,
ou non engagez , ou degagez de leurs
paroles , dèſque la vanjeance ou leurs
intérêts aparens leur conſeillent l'in-
obſervation de leurs promeſſes, ou leur
perſuadent qu'ils n'ont promis que
conditionellement. Ainſi leurs engagemens reciproques ne ſont nullement
ſolides , ce qui eſt un grand malheur
pour Eux & pour leurs Etats.

Il eſt vrai qu'ils ne ſont pas toujours
dans les hoſtilitez aƈtuèles , mais ils
ſont toujours ſur le poinƈt d'y entrer,
à cauze des nouvelles conteſtations qui
naiſſent tous les jours entre Eux.

Les Traitez de Paix ne ſont réelement que des Trèves très-incertaines, ils le ſavent bien. Auſſi ne caſſent-ils pas entierement leurs troupes, & ils ne les reforment qu'à-mezure que leurs Enemis reforment les leurs. Ils ſont toujours en garde & en armes contre la ſurprize, & cet etat de precaution leur coute toujours beaucoup à ſoutenir ; & beaucoup davantage, lorsque la Trève a ceſſé, & lorsque les Hoſtilitez ont recommencé.

Dans les Suſpenſions d'armes, chacun garde toutes ſes troupes.

Quand je dis que les Souverains qui par vanjeance prènent les armes, & commençant la guerre ne conſultent pas leurs vrais intérêts, mais ſeulement leurs intérêts aparens, pour manquer a leurs promeſſes, je ne dis qu'une verité conuë de tout le monde. Or l'efet d'un Contract de Societé permanente entre tous les Souverains, pour faire toujours durer la Paix entre eux, ce ſeroit que la grande ſuperiorité des forces de la Diète Europaine naiſſante inſpireroit aux Souverains conteſtans une crainte ſalutaire, qui les empêcheroit de preferer des intérêts

apa-

aparens que conseille la colère, & des conquêtes très-incertaines & très mal assurées, à de grans intérêts très-réels, à des depenses incomparablement plus grandes que ne peuvent valoir les conquêtes efectives.

Comme Voizins ils ont toujours des demandes reciproques à se faire, tant pour Eux que pour leurs Sujets. Les Ambassadeurs reciproques en terminent quelques-unes, mais il en reste toujours beaucoup à terminer. Il est vrai que souvent elles ne sont pas assez importantes pour les obliger à faire une grande dépense, telle qu'est celle d'une Guerre de trois ou quatre ans, & à abandoner les grans avantages journaliers que leur aporte la Trève: mais à la fin entre Princes egaux, ou à peu prez egaux en forces, le moins sage, le plus ambitieux, le plus présomptuëux, le plus inpatient, le plus colère prend les Armes, romt la Trève malgré son vrai intérêt, & force son Voizin plus patient & plus sage à rentrer en Guerre ouverte.

Telle est jusqu'ici la situation des Souverains d'Europe, faute de former entre eux la Societé Pacifique, la Diè-

te

te Europaine imaginée par Henri IV.
Roi de France, à l'imitation de la
Diète Germanique : & telle eſt par
conſequent la neceſſité où les Souverains ſages ſe trouvent jusqu'ici, d'entrer ſouvent en guerre malgré eux.

Il faut donq que chaque Nation
dans la ſituation prezente de l'Europe,
lorsqu'elle eſt forcée de faire la guerre,
tâche de la faire avec ſuperiorité, pour
eviter les terribles malheurs de ceux
qui ſont vaincus, & qui ſe trouvent à
la discretion du Vainqueur; qui eſt
ſouvent irrité par la reſiſtance, par les
peines qu'il a ſoufertes, & par les pé-
rils qu'il a eſſuyez.

OBSERVATION X.

*Fonctions du Miniſtère avec les Etran-
gers, en tems de Guerre.*

Le but du Miniſtere de la Guerre
eſt donq en tems de Paix, de perſua-
der aux Souverains qui pourroient
nous ataquer, que ſoit par nos Aliances Defenſives, ſoit par l'etat de nos
Places & par le nombre de nos Troupes & de nos Finances, ils nous ata-
queroient envain, & qu'ils risque-
roient

roient de perdre beaucoup plus qu'ils
ne gagneroient. Or ce fera cete per-
fuafion feule qui fera durer la Paix.

En tems de Guerre le but de ce
Miniftere eft de vaincre, c'eft·à-dire
de devenir fuperieur aux Enemis. Or
cete fuperiorité vient de diverfes cauzes, qui font les divers moïens que l'on
emploie dans le Miniftere de la Guerre, je les metrai ici en faveur des
Ignorans.

1. Aliances nombreuzes, folides,
bien entretenuës par des intérêts co-
muns & perpetuels, pour avoir des fecours promts en argent & en troupes.

2. Finances en bon etat, ou par des
trefors amaflez, ou par bon crédit.

3. Troupes nombreuzes & aguerries.

4. Oficiers nombreux pleins d'emulation, partagez en diverfes claffes,
choizis entre trente pareils au Scrutin
perfectioné.

5. Excelens Generaux, choizis &
tirez par Scrutin de quatre ou cinq
claffes inférieures, pour paffer par degrez en quatre ou cinq claffes fupérieures,

                    6.

6. Excelens Intendans d'Armées pareillement choizis au Scrutin.

7. Excelente metode pour les Vi
vres & pour les Hôpitaux d'Armée toujours un peu entretenuë en tem de Paix.

8. Places nombreuzes bien forti
fiées, bien munies, & bons Comman
dans.

9. Excelente Artillerie bien com
mandée, & bones Munitions.

10. Ingénieurs nombreux & exce
lens.

11. Academie Militaire, qui est un
moïen general d'inventer de nouveaux
moïens, & de recompenfer les Inven
teurs qui perfectionent les anciens Eta
bliffemens.

12. Etabliffement du Scrutin per
fectioné, moyen general pour bien
faire les promotions, pour exciter &
augmenter l'emulation entre les Ofi
ciers, à qui fe rendra plus capable de
rendre de plus grans fervices à la
Nation.

13. Emulation dans les Oficiers,
à qui mènera la vie la plus frugale à
l'Armée,

Mais

Mais il eſt à propos de voir chacun de ces treize Articles, avec un peu plus d'etenduë.

ALIANCES.

Il eſt certain qu'un Alié puiſſant & ſufizament intereſſé à être conſtant, fait bientôt, par ſes diverſions ou par d'autres moïens, en certaines circonſtances, pancher la balance. Nous avons parlé des moïens de parvenir à cete ſuperiorité de force par des Aliances qui en tems de Paix ſufit pour la faire durer, & qui fait finir la Guerre dèsque l'Alié puiſſant s'eſt declaré partie.

Il eſt à propos que nos Aliez voient clairement la juſtice de notre cauze, & que c'eſt une injuſtice & une vexation de la part de notre Enemi; afin qu'ils puiſſent le regarder comme l'Enemi comun de la Societé Humaine, & de la Tranquilité Publique.

FINANCES.

La ſuperiorité en nombre de Troupes dépend de la ſuperiorité en Argent. Nous avons parlé, dans le Chapitre

des

des Finances, de la maniere d'amélio-
rer le Credit Publiq & les Finances
d'un Etat, & de trouver plus promtement du secours, & à moindres frais,
pour l'Etat.

La plupart des Princes d'Orient ont
des tresors en reserve, & sont d'autant
plus eloignez de la Guerre, qu'ils craig-
nent plus d'être obligez a depenser
leurs tresors, dans l'incertitude s'ils
pouront les remplir par les subsides
extraordinaires, aussi-tôt qu'ils seront
obligez de les vider par les depenses
& par les mauvais succez de la Guerre.

S o l d a t s.

On a remarqué que pour la force
du corps, pour la fatigue & pour la
patience, les Soldats acoutumez aux
travaux de la Campagne etoient meilleurs pour les fatigues des campemens,
des sièges, & des marches dificiles dans
des saizons fâcheuzes. Il est vray que
les Soldats des Villes, fainéans, debau-
chez, ont plus d'intelligence, & que
pour un jour d'action ils ont plus d'activité : mais ils sont moins patiens,
moins constans, moins disciplinables,
plus

plus fujets à dezerter. Or dans les Soldats, il faut furtout difcipline & patience.

Le nombre des Combatans etant egal, nos Soldats peuvent avoir une grande fuperiorité par la valeur, par la difcipline, par l'art de combatre, de fe tenir ferrez & de fe ralier, par l'habitude à la patiance dans les marches, dans les campemens, dans les dizètes, dans les exercices fréquens.

Les Soldats d'Alexandre, dix-fois fuperieurs de ce coté-là, vainquirent les Perfes dix-fois fupérieurs en nombre, quoique peut-être egaux en force de corps, & en valeur à combatro feul à feul.

SOLDATS AGUERRIS.

Il n'i a proprement que la Guerre actuelle qui faffe de bons Soldats. Là ils exerçent leur ardeur & leur obéïffance, là ils augmentent leur fermeté, leur conftance & leur patience : mais faute de Guerre on fait bien de les exerçer fouvent en tems de Paix, & cela vaut beaucoup mieux que de les laiffer dans l'oifiveté. Il eft vrai que cet Exercice ne vaut pas la dixieme partie de ce qu'ils aprènent dans la Guerre actuelle. Un Soldat qui en trois ans a vu un combat, qui a fait un ſiège, & qui en a ſoutenu un au‑ tre, vaut plus de trois autres Soldats qui n'ont rien vû de ſemblable : mais vint ſoldats fort exerçez dans les re‑ vuës, valent plus de quarante Soldats tous neufs & de recruë.

Voilà pourquoi il eſt de la dernicre inportance pour un Etat lorsqu'il eſt en Paix, d'empêcher que l'Etat voizin n'entretienne une guerre de trois anées. Car vint‑mille Hommes de bones trou‑ pes, en batront facilement cinquante mille qui ne ſont point aguerris.

Ainſi Darius fit une faute groſſiere contre la bonne Politique, de laiſſer aguerrir les Troupes de Filippe & des autres Grecs par leurs Guerres inteſ‑ tines perpetuèles. Tandis‑que les Troupes des Perſes etoient dans l'in‑ action & dans l'oiſiveté, il faloit qu'il ſe declarât toujours pour les plus foi‑ bles des Grecs contre Filippe, & ſur‑ tout contre tout Ataquant, & qu'il fit rendre tout aux Vaincus. En un mot il faloit qu'il tînt les Grecs en repos, ou en decidant leurs diferens lui‑même,

ou

ou plutôt en les fezant decider par leurs pareils dans la Diète des Amfictions. C'eſt cete faute groſſiere qui lui couta la couronne & la vie.

L'Imperatrice de Ruſſie, l'Empereur, & le Roi de Pologne, font une grande faute de laiſſer aguerrir les Perſans & les Turcs les uns contre les autres, ſans prendre parti pour faire ceſſer leurs Guerres. Les Moſcovites devroient leur declarer qu'ils marcheront contre celui qui n'acceptera pas leur Mediation, & qui ne voudra pas accepter une Trève pour negocier. Il eſt vrai que depuis peu Zinzendorf a remedié à cet inconvenient, en mettant toute l'Europe en armes & en guerre à l'ocazion de l'Election du Roi de Pologne: mais il y a tel remede, qui eſt incomparablement pire que le mal.

SOLDATS BIEN PEYEZ.

J'ai ouï dire à feu M. le Marechal de Vauban, que le Soldat Anglois & Holandois avoit une péye plus forte d'un tiers, que le Soldat François ; que c'etoit la raizon qui rendoit nos recruës ſi dificiles & mediocrement bonnes,

bonnes, & nos defertions fi frequentes : qu'ainfi il valoit mieux avoir trente bons Soldats contens de leur condition, que quarante mediocres qui fongent la plupart à deferter. Ainfi il concluoit dez il y a vint-ans à l'augmentation de péye d'un quart, furtout dans l'Infanterie. Nous en aurons moins, mais nous les aurons beaucoup meilleurs, mieux choizis, & plus conftans.

Je croi que la péye de 1610. etoit la même en nombre de fous, que la péye de 1710. cent ans après. Mais il eft vrai que nos fous avoient diminué en 1710. de la moitié de la valeur qu'ils avoient cent ans auparavant par raport au pain & à la viande, & que depuis 1720. ils ont encore fort diminué.

Je demande donq qu'on donne aux Soldats même poids d'argent, & du même titre qu'on leur donoit en 1610. à la mort de Henri le Grand, qui avoit fi bien aprofondi les details de la Guerre. Ceci merite un Memoire feparé, qui faffe voir encore plus clair dans la matiere.

Le marq d'argent en 1610. valoit vint livres cinq fous, au lieu qu'il vaut
pre-

prezentement près de cinquante livres. Reſte à ſavoir de comblen de ſous etoit la péye ou la ſolde du Fantaſſin & du Cavalier ſous Henri IV. Cela eſt facile à ſavoir par la Chambre des Comptes, où ſont les comptes des Treſoriers de la Guerre de ce tems-là. Car pour le marq d'argent, nous le ſavons par le Livre de feu M. le Blanc, qui etoit inſtruit par les Regitres de la Cour des Monoyes

Bureau Militaire & Académie Militaire.

Pour ſavoir quel parti d'une Armée doit être en cavalerie, en tel ou tel cas ; pour ſavoir ſi le meilleur parti à prendre pour les vieux Soldats devenus invalides, ou par l'âge ou par les bleſſures, c'eſt d'en former des Compagnies dans chaque Place de Guerre ; pour conoitre quelles ont eté les cauzes des Batailles perduës & gagnées, ſurtout de notre ſiecle ; pour conoitre en quoi notre Diſcipline ſurpaſſe ou ne ſurpaſſe pas la Diſcipline des Etrangers ; les plus habiles forment plus de queſtions inportantes à decider, & donent de bones obſervations à lire. Les

Aca-

Academiciens auront au‑moins vint ans de ſervice. Il faut des conferences pour exercer l'eſprit ſur ſon metier, pour le tenir en haleine & le fortifier. Sans exercice ſes forces vont en diminuant. Les obſervations tendront à perfeétioner les meilleurs Ouvrages Militaires, à chaque édition.

Pour ſavoir de même dans diferentes Afaires quels ſont les meilleurs partis, le Miniſtre de la Guerre ne ſauroit mieux faire que d'etablir un Bureau Militaire qu'il puiſſe conſulter, ſurtout ſi les Membres de ce Bureau ſont choizis par Scrutin entre les Academiciens Militaires, qui confereront toutes les ſemaines ſur ces matieres, & qui pourront peu à peu amener leurs preuves à l'evidence de la demonſtration du Calcul, & uzer ainſi de l'Aritmetique pour decider des Queſtions de Politique.

Je ſupoze toujours une Academie Politique, compozée de trois Bureaux chargez d'examiner les Afaires des trois Miniſtères particuliers. Car il faut une pepinière pour remplacer les Raporteurs des Bureaux du Conſeil qui viendront à vaquer.

Il

Il y aura fous ce Miniftère un Bureau pour les Negociations, un Bureau pour la Guerre de Terre, un Bureau pour la Guerre de Mer, & un Bureau pour le Comerce Exterieur & pour les Colonies , compozé de Confeillers d'Etat & de Raporteurs, tirez du Bureau de l'Academie Politique pour les Afaires Etrangeres.

Emulation entre Regiment & Regiment.

On peut exciter de l'emulation de difcipline entre les Soldats de deux Compagnies. L'envie de furpaffer fon camarade eft un fentiment naturel à tous les hommes. Les Habiles Gens favent la nourrir & la fortifier entre Compagnie & Compagnie, qui vivent au même lieu On pouroit la nourrir & la fortifier entre Regiment & Regiment qui vivent dans le meme lieu, par des prix ; & dans les ocazions de Guerre, les placer de forte qu'ils puiffent être temoins de leurs eforts mutuels. L'on ne fauroit trop exciter l'emulation entre les Hommes, à qui fervira le mieux la Patrie.

G R E-

GRENADIERS.

L'Inſtitution des Grenadiers dans chaque Regiment, me paroit excelente. Car il s'agit ſouvent de faire brêche & d'enfoncer l'Enemi, pour faire entrer les autres Soldats. Cela me feroit croire que l'on pouroit faire une ſegonde Compagnie de Grenadiers avec moindre péye que la premiere, & que cete ſegonde ſervît à recruter la premiere, comme le reſte du Regiment ſerviroit à recruter la ſegonde. La premiere Compagnie auroit ſur ſon juſtaucorps, ou dans la couleur du bonet, une marque diſtinctive de la ſegonde. On ne ſauroit exciter & entretenir trop d'emulation dans les Corps. Or cete Inſtitution eſt un excelent moïen pour i réüſſir.

Il faudroit de-même, dans chaque Regiment de Cavalerie, une Compagnie d'elite, dont on pouroit faire des detachemens. Nous avons déja pour cet efet les Compagnies de Gardes du Roi, les Chevaux-Legers, les Gendarmes de la Garde, & les autres Compagnies de Gendarmerie A l'egard des Grenadiers à cheval, je panche

che à l'avis de ceux qui foutiènent qu'ils devroient être diftribuez par Compagnies dans les Regimens ; mais il faut pezer les raizons pour, & les raizons contre.

EXERCICE.

Il me paroit qu'en tems de Paix on ne fauroit trop exerçer les Troupes, furtout les Soldats de recruë qui n'ont rien vu. Il faut les acoutumer à faire diverfes fortes de marches, à camper, a fe retrancher, à reparer les chemins des Frontieres, à racomoder les chemins des Provinces intérieures où ils font en quartier. Il n'i a point d'exercice qui ne ferve à entretenir l'ordre, l'emulation, la fubordination, l'obéïffance, la difcipline. Il eft vifible que des Troupes de levée & peu exerçées (le refte etant egal) fe trouveront, un Jour d'action, fort inferieures à d'autres de nouvelle levée qui ont eté fort exerçées.

Il eft vrai què la pareffe du Comandant, le peu d'emulation dans les Oficiers, le peu de difcipline & d'obéïffance dans les Soldats, s'opozent fort à ces exercices frequens. Mais pour un bon Miniftre de la Guerre ce ne font pas des obftacles infurmontables, s'il fait atacher une recompenfe fufizante pour ceux qui s'y diftingueront. Car tout fervice diftingué fe fait avec le reffort de la recompenfe de diftinction, & ces recompenfes utiles & honorables produizent des avantages à l'Etat cent fois plus grans qu'elles ne lui coutent. Ceci merite un Memoire feparé, où la grande utilité du fréquent exercice foit demontrée, & dans lequel les moïens les plus faciles feront indiquez.

J'imagine un moyen praticable, c'eft de retenir une partie de la peye des Oficiers & des Soldats des Jours ordinaires fans exercice, pour leur diftribuër cete partie les Jours d'exercice.

Compagnies de Cadets.

J'ai vu autrefois avec plaizir l'Inftitution des Compagnies de Cadets militaires dans les Places frontieres, pour i aprendre la difcipline, les exercices, & les matématiques militaires avant que d'être nommez Oficiers, & cela à l'imitation des Compagnies de Gardes-marine.

marine. Je ne fai pourquoi on a fuprimé durant lontems les uns, & confervé
les autres. Cela peut venir du changement des Miniftres. Mais enfin ces
Compagnies ont eté retablies fous le
Miniftère de feu M. le Blanc, à la
grande fatisfaction des Gens-de-bien.
Voilà de ces inconftances qui feroient
moins fréquentes & moins fenfibles,
s'il y avoit un Bureau Militaire per-
pétuel, dans lequel les bones maximes
militaires une fois bien demontrées
fubfiftent eternellement, malgré le
changement des Miniftres particuliers.

Oficiers plus nombreux.

Perfone ne doute qu'une Armée egale
en nombre de Soldats, mais fupérieure
en nombre d'Oficiers, & le refte etant
d'ailleurs egal, deviendra bientôt fupérieure à celle qui aura moins d'Oficiers. Ainfi je fuis bien eloigné du
fentiment de ceux qui propozent de
faire les Compagnies de foixante-douze
foldats, au lieu de trente-fix ou quarante. Je dis ceci pour les Etats qui
ont grand nombre de jeunes Gentilshommes qui demandent de l'emploi
à la Guerre, dans le deffein d'y aug-

 menter

menter leur revenu, & d'acquérir plus
de conſideration dans le monde. Car
c'eſt toujours le dézir de cete augmentation, qui met les hommes en mouvement & en action.

Avec plus d'Oficiers les ſoldats reſ-
tent plus lontems au combat, ils ſe
ralient plus ſouvent & plus vite, ils
ataquent avec plus de confiance; &
voilà ce qui donne la victoire. Il eſt
vrai que ces Oficiers coutent, mais les
Enemis ne nous croyent que quarante-
mille hommes, & il ſe trouve que nous
en avons la valeur de cinquante-mille,
ſuperieurs à leurs quarante-cinq-mille
hommes qui ont moins d'Oficiers que
nous.

Emulation pour les Talens.

Il devroit y avoir une voie ſeûre
pour faire ariver par degrez un Gentilhomme à une haute fortune par l'aqui-
ſition à un haut degré des talens de ſa
profeſſion, & cete voie ſeroit infiniment utile à l'Etat. Mais pour exciter
& fortifier l'emulation entre les rivaux
à qui feroit plus d'eforts, tant pour la
grande augmentation de leurs talens
& de leur merite national, que pour
l'aqui-

l'aquifition des autres qualitez aimables & eftimables dans la Societé, il faudroit qu'ils fuffent feûrs qu'il n'y a point d'autre voie pour s'avancer, que le jugement de leurs pareils fur leur merite national.

Il faudroit par confequent qu'ils fûffent feûrs que les Emplois ne fe donent plus à la recomandation des perfones puiffantes à la Cour, & au Bureau des Commis. Car fans cete feûreté, ils s'atacheront uniquement à aquérir de la protection & des recomandations à la Cour, & à ce Bureau: recomandations qui font plus utiles à leur fortune que le merite national, & ils negligeront ainfi d'aquerir des talens & des conoiffances qui font fi peu utiles à l'avancement de leur fortune particuliere, quoique ces talens fûffent infiniment utiles à la fortune publique de l'Etat. J'ai propozé ailleurs la métode du Scrutin purgée de de toute cabale.

Inportance de bien choizir les Oficiers
Subalternes.

C'eft une erreur dangereuze de croire qu'il n'eft pas fi inportant de bien

O 3

choizir

choizir tous les Lieutenans, tous les Capitaines, tous les Colonels, qu'il est inportant de bien choizir tous les Maréchaux de France. Il est bien vrai que le choix d'un bon Maréchal de France est plus inportant, que le choix d'un bon Capitaine d'Infanterie, ou d'un bon Colonel. Mais le bon choix de vint bons Colonels, ou de deux-cens-quarante bons Capitaines, est aussi inportant pour obtenir la superiorité de force sur l'Enemi, que le choix d'un bon Maréchal de France pour General. C'est que le grand nombre des Oficiers Subalternes en fait la grande inportance.

Le General doit avoir les yeux bons,
pour voir de loin les Objets.

Pour être bon Oficier General, il faut de bons yeux corporels, & je ne trouve pas de prudence à doner des Comandemens inportans à ceux qui ont la vuë courte. Ceux-là devroient chercher des Emplois de cabinet. Ce n'est pas que ceux qui ont la vuë courte ne puissent être fort braves, fort laborieux & fort intelligens. Mais il est certain qu'à valeur & in-

tel-

telligence egales, celui qui a la vuë excèlente eft de beaucoup preferable.

OFICIERS GENERAUX.

J'apèle Oficiers Generaux les Brigadiers, les Marechaux de Camp, les Lieutenans - Generaux & les Marechaux de France. On peut dire qu'il eft inpoffible qu'un Marechal de France, s'il eft choizi par Scrutin dans une des claffes des Lieutenans - Generaux, qui font elles·mêmes compofées de fujets choifis par Scrutin parmi les claffes des Marechaux de Camp, ne foit un Homme plus ferme, plus intelligent, plus laborieux, & par conféquent plus digne de commander que les autres.

Je fuis bien eloigné du fentiment de ceux qui ne veulent pas qu'on elève à la dignité de Marechal de France un Oficier qui ne feroit point né Gentilhomme. Il eft inconcevable combien la fortune d'un Marechal de Faber, fils d'un petit Libraire de Metz ou de Rheims, a fait faire de grans eforts pour le fervice à une infinité de braves Oficiers qui n'etoient point nez Gentilshommes, & qui ont merité de l'être.

Je

Je ſuis même etoné qu'avec un peu de raizon l'on n'ait pas ſenti en France, qu'il etoit à propos de defendre de ne jamais reçevoir aucune preuve de Nobleſſe des Marechaux de France, pour être reçus dans les cent Chevaliers du Saint Eſprit. Car y a t-il une Nobleſſe & une Illuſtration d'un plus haut prix, que la Nobleſſe Perſonelle aquiſe par de grans talens, & par de grans ſervices rendus à la Patrie? Et n'eſt-ce pas même de la Nobleſſe, & de l'Illuſtration Perſonelle, que la Nobleſſe Paternelle & Hereditaire tire ſon plus grand luſtre? ſurtout dans un Etat où le titre de Noble ne s'aquiert que trop ſouvent à prix d'argent, & non par des emplois & par des talens utiles à la Patrie.

C'eſt à des Gens ſans merite perſonel diſtingué, à faire preuve de la nobleſſe & de l'illuſtration de leurs Ayeux, & non pas à ceux qui honorent leur famille de la plus grande illuſtration. Et de-là il eſt aizé de conclure, que la metode du Scrutin devroit être etablie dans un Etat pour obtenir les Emplois.

G e-

GENERAL.

A Troupes egales en nombre, en aguerriſſement de Soldats, en capacité egale des Oficiers, il eſt certain que la ſuperiorité du General ſur le General Enemi, eſt une choſe decizive pour le ſuccez d'une Campagne. Or le ſuccez d'une Campagne donne beaucoup de ſuperiorité ſur la Campagne ſuivante. Cette ſuperiorité conſiſte en la plus grande partie à s'empêcher de combatre, lorsqu'on n'eſt pas le plus fort; & à forcer l'Enemi à combatre, lorsqu'il eſt le plus foible, ou lorsque par la diſpoſition du terrain il ne ſauroit combatre qu'avec un deſavantage conſiderable. Cela prouve qu'il ne ſauroit conoitre trop exaǎtement, & trop en detail, les chemins, les bois, les vilages, les hauteurs, les marais, les rivieres, les diferentes diſtances des lieux du Peys, la diferente valeur des Regimens &c.

SAUVEGARDE.

C'eſt une faute groſſiere & très-inportante, que de laiſſer les Sauvegardes au profit du General, ſurtout

quand

quand il aime l'argent. Car cete confideration peut le determiner à demeurer plus ou moins lontems dans un Camp, contre l'intérêt de l'Etat. Ainfi il vaut mieux qu'il foit feûr d'une gratification de cent - mille francs par exemple, en cas de grand fuccez, ou qu'il efpère tels Honeurs ou tel Gouvernement. Car il faut un grand reffort, une grande efperance, pour lui doner une grande attention, une grande vigilance & un grand mouvement. Il faut donq que l'Intendant tienne regitre des Sauvegardes, & qu'il en rende compte au Roi.

CELERITE' DU GENERAL.

La partie du General qui lui donne le plus de fuperiorité, c'eft la *celerité* dans fes mouvemens, & c'étoit le fentiment de Cézar. Mais pour en venir à bout, il faut avec une grande meditation, & une grande expérience, avoir prevu tous les obftacles, tous les inconveniens, & i avoir remedié par diferens arangemens. Il faut qu'il ait fous lui des Oficiers, qui entendent tous ces details, & qui prenent de lui le même degré de vivacité & de celerité;

rité; Majors Generaux, Aides de Camp, Intendans, Comissaires Generaux des Vivres, Comandant de l'Artillerie. Or il faut du tems pour les former tous à ces arangemens, & à cette celerité. Je voi que les Oficiers conviennent que de tous nos Generaux modernes, c'eſt le Marechal de Viilars qui a montré le plus de *celerité* dans l'execution de ſes entreprizes.

Le General doit etrf robuste.

La plupart de nos Generaux ne parviennent à l'Emploi de Marechal de France, qu'un peu vieux. Cependant il ſeroit à ſouhaiter qu'ils eûſſent en même tems, & beaucoup de capacité d'eſprit, & beaucoup de vigueur de corps. Or on ſait qu'en dix Campagnes un homme très-intelligent & très-apliqué peut avoir aquis réelement plus de capacité, que tel homme d'une aplication & d'un eſprit mediocre n'en aura aquis en vint Campagnes. Voilà pourquoi certains Genies ſupérieurs, qui ſeront reconus tels par leurs pareils, ne reſteront pas lontems dans une claſſe ſans monter à la ſupérieure. Ainſi la voie du Scrutin eſt

très-

très - propre à faire avancer promtement un excèlent sujet, sans que le Roi & les Miniſtres ſoient jamais acuſez de faire injuſtice à l'ancieneté : puisque ce ſeront les pareils eux-mêmes qui feront par leur Scrutin paſſer les talens diſtinguez ſans la grande ancieneté, devant la plus grande ancieneté qui eſt ſans talens diſtinguez.

Il faut que le General dézire fortement la Récompenſe du Succez.

Entre deux Generaux de merite à-peu-prez egal, je choizirai plutôt celui qui dézire plus ardement ce qu'il dézire, & dont le reſſort eſt plus fort : par exemple, celui qui a des graces conſidérables à eſperer, que celui qui ne dézire plus rien.

Celui ſur qui l'illuzion d'une grande fortune fait une plus grande impreſſion, & qui trouve certains objets beaucoup plus grans & plus inportans qu'ils ne ſont réellement pour l'augmentation du bonheur, entreprend plus hardiment, & pourſuit plus ardemment & plus conſtament ſes entreprizes, que celui ſur qui l'illuſion ne fait pas une ſi grande inpreſſion.

Le

Le Marechal de Villars, etant Lieutenant General, deziroit ardemment
de passer devant ses rivaux & devant
ses anciens, & obtenir plutôt qu'eux
la dignité de Marechal de France.
Il proposa au feu Roi Louïs XIV.
le passage du Rhin à Hunningue, &
se fit fort de le passer avec l'Armée,
malgré le Marquis de Bade, excellent
General de l'Empereur qui etoit de
l'autre coté, & qu'il trompa habile-
ment par sa celerité.

Le Marechal de Catinat, qui com-
mandoit sur le Rhin à Strasbourg,
fut consulté, & trouva le projet inpossible dans l'exécution. 1. Parcequ'il comptoit plus qu'il ne devoit sur
la vigilance du Marquis de Bade.
2. Peut-être parcequ'il n'avoit pas imaginé lui-même le projet. 3. Parceque
ses dezirs & ses espérances etoient bien
plus foibles que ceux du Marquis de
Villars, qui ne trouvoit dans son projet que des dificultez, grandes à-la-
verité, mais surmontables, & en efet
il les surmonta toutes. Il est vrai qu'en
quatorze jours il dormit à-peine quatorze heures. Il passa le Rhin malgré
la vigilance du Marquis de Bade, rem-
porta

porta une victoire, & obtint la dignité de Marechal de France, après laquelle il soupiroit depuis si lontems.

Le même Marechal de Catinat auroit aparemment formé & entrepris
d'executer ce projet, pour devenir
Marechal de France. Cela prouve qu'il
faut toujours mezurer ce que l'on doit
attendre d'un homme, par le degré
de vivacité & de constance de ses dézirs ambitieux, combinez avec le degré d'etenduë & de justesse de son intelligence.

Sans un grand ressort, & sans de
grans talens, on ne surmonte point de
grandes dificultez.

*Etendre le pouvoir du General, afin
qu'il puisse profiter des Ocazions.*

Il etoit très - inprudent à la Republique Romaine de doner à Cézar, &
& à tout autre General, l'autorité de
destituër les Oficiers, & de remplir les
Emplois les plus considérables. C'étoit
même un défaut de Politique, de doner aux Tribuns des Légions l'autorité de remplir les places vacantes de
leur Légion, & de les faire vaquer.

Nous

Nous avons fait pour la seûreté de l'Etat, contre l'ambition & la mauvaize intention des Generaux, un bon Etablissement; qui est que le General n'est pas le maitre de faire vaquer les emplois les moins considérables, il ne peut qu'interdire.

Mais à l'egard des entreprizes & des partis que le General doit prendre dans une Campagne, comme le succez dépend de saizir les ocazions, & d'executer avec celerité, ce seroit aler contre le bon-sens, & contre le bien de la chose, de le mettre dans la necessité d'attandre des reponses de la Cour, pour commencer une entreprize qui sera devenuë inpossible dans l'intervale de la reponse.

Si la Cour vouloit gouverner une Armée, il faudroit qu'elle s'en aprochat; car quatre-vint lieuës, cent lieuës, c'est déja trop loin.

Intendans d'Arme'e.

Pour l'execution promte des entreprizes, il faut un Intendant actif & intelligent, qui soit secouru par de bons Comissaires, qui fassent remuer la machine, & lever les obstacles avec

cele-

celerité : mais pour avoir toujours de pareils Intendans & de pareils Comiſſaires, il faudroit qu'ils pûſſent être choiſis par leurs pareils, & que ces places ne fûſſent pas vénales. Car ce n'eſt pas toujours le plus riche qui eſt le plus intelligent & le plus laborieux, le plus ſouvent c'eſt tout le contraire : les plus riches ſont les moins laborieux, ils n'ont par conſequent qu'en moindre quantité les conoiſſances qui ne s'aquièrent que par le grand travail, & par un dézir vif de ſurpaſſer ſes egaux en merite national.

Il y a même une choze inportante à etablir, c'eſt que nul ne pût être Intendant d'Armée, qu'il ne fût pris par Scrutin du nombre des Comiſſaires Generaux ; & que les Comiſſaires Generaux fûſſent eux - mêmes tous choizis par Scrutin dans une claſſe inferieure de Comiſſaires particuliers, comme eſprits ſuperieurs aux autres, & que les Nobles fûſſent à merite egal preferez aux non nobles.

VIVRES ET HÔPITAUX.

J'ai ouï dire que l'article des Vivres & des Hôpitaux pouvoit beaucoup ſe

per-

perfectioner en France, pour faire en forte d'un coté que les Vivres fûſſent bons & que les Hôpitaux fûſſent mieux ſervis, & de l'autre qu'il en coutât moins à l'Etat, il faudroit que l'Academie Militaire fît travailler, & travaillât elle-même à perfectioner ce que nous avons de meilleur ſur cete matiere.

ARTILLERIE.

Il eſt certain que la ſupériorité d'Artillerie bien ſervie, ſoit pour les armées de Campagne, ſoit pour l'attaque & la defenſe des Places, influë beaucoup pour doner la ſuperiorité de force. Les reglemens que j'ai vu ſur cete matiere m'ont paru très-beaux, & portez à un grand detail. Il ſeroit à ſouhaiter que toutes les parties de la Guerre, par exemple les fonctions des Oficiers des Vivres & des Hôpitaux, fuſſent diſcutées avec la même exactitude, tant pour l'inſtruction que pour l'obſervation des reglemens.

Cependant comme les Ouvrages Humains ſont tels par leur nature qu'ils peuvent être toujours perfectionez, ſoit à cauze des nouvelles decouvertes, foit à cauze des nouveaux cas que l'expérience fait conoitre, foit à cauze des progrez que l'Efprit Humain fait d'une generation à l'autre, il eft certain qu'il faut une Academie Militaire chargée de recueillir les nouvelles decouvertes, & de perfectioner de tems en tems les reglemens & les inftructions.

Je croi qu'il feroit utile à l'Etat qu'il i eût un Bureau d'Artillerie avec un Prezident. Ce Bureau feroit compofé des Oficiers principaux d'Artillerie choifis par Scrutin, le Miniftre pouroit le confulter. Ce Bureau feroit plus inftruit, & s'aquiteroit mieux qu'un Grand Maitre des fonctions atachées à cette charge. Les charges de Grand-Voyer, de Grand-Maitre d'Artillerie, de Conêtable, d'Amiral, de Colonel-General de l'Infanterie, & autres, font de ces charges qui ont eté créées pour l'intérêt particulier d'un Favori: mais les fonctions en feroient bien mieux exercées pour l'interêt publiq par chaque Miniftre, & par le Confeil d'un Bureau de Confeillers choifis par la metode du Scrutin perfectioné, que par un Grand-Seigneur, qui le plus fouvent n'agit que par des vuës d'interêt

terêt particulier : au lieu que le Bureau ne fe détermine le plus fouvent, que par les vuës de l'interêt publiq.

Il eft vrai que le Prezident du Bureau d'Artillerie qui fera élu au Scrutin, & qui par confequent aura plus de merite national, deviendra fouvent le maitre de fon Bureau par la fuperiorité de fes raizons, & qu'il y dominera : mais ce ne fera alors que tant mieux, puisque le plus fouvent il aura la raifon de fon coté. Ce n'eft pas la même choze, quand un Grand-Maitre décide en matiere inportante & non provizoire, fans confulter le Bureau.

J'eftime fort la maxime que nous devons à Coehorn, Ingenieur Holandois, pour prendre plutôt une Place fans perdre que peu de Soldats. C'eft d'avoir un grand nombre de gros canons, qui tirent enfemble dans chaque baterie : on dépenfe beaucoup de poudre, mais ce n'eft rien en comparaizon des Hommes que l'on epargne par cette grande & groffe Artillerie bien fervie.

 Muni-

MUNITIONS.

J'ai ouï dire que les fuzils des Holandois avoient un calibre plus gros, qu'ainsi la blessure de la bale plus grosse etoit plus dangereuze, que ces fuzils duroient plus sans crever, que leur poudre etoit plus forte, que la bale aloit plus loin, que leurs culasses etoient plus epaisses que les nôtres, & que par leur maniere de charger ils tiroient trois coups contre nous deux. Je ne sai pas ce qui en est, & j'ai de la peine à le croire, mais je comprens que ce feroit une très-grande superiorité. On m'a dit que feu M. de Louvois avoit eté souvent trompé par ses Commis, qui etoient bien peyez par les Entrepreneurs des armes & de la poudre: mais on pourroit comparer souvent les nôtres avec celles de nos Voizins, & punir rigoureuzement des malverfations si inportantes au falut de l'Etat.

FORTIFICATIONS.

Les Places fortes font neceffaires pour contenir des Peuples mutins, pour arêter un Enemi victorieux, pour avoir le loizir de raffembler des Troupes,

pes, pour empêcher l'Enemi de penetrer bien avant vers le centre de l'Etat. Elles font neceffaires pour gagner l'hiver par la longueur des fièges, & l'hiver donne le tems de preparer de nouveaux eforts.

Celui qui gagne une bataille, lorsqu'il ne trouve point de Places fortifiées qui l'arrêtent, pouroit en deux ou trois campagnes s'emparer de la Capitale, & foumettre un grand Royaume. Si Darius avoit eu contre les Grecs diverfes barrieres de Places fortifiées, les unes derriere les autres, il auroit coupé les recruës & les vivres à Alexandre. Il n'auroit eu bezoin de combatre que dans des camps retranchez, & l'Armée d'Alexandre auroit péri d'elle-même à tous ces fieges. On n'auroit pris que trois ou quatre Places en une campagne. Les Soldats de garnizon de Darius fe feroient peu à peu aguerris, en fe defendant durant trois ou quatre campagnes. Alexandre auroit vu diminuër fon armée, pour garder les Places conquifes. Enfin cete Guerre feroit à la fin devenuë une guerre de chicane.

P 3

Mais

Mais Darius au lieu de faire de grandes dépenses en fortifications sur les frontieres de ses Provinces, depensoit beaucoup dans tout ce qui regardoit le luxe. Ainsi ne se trouvant dans son vaste Empire ni Places de défense, ni Soldats, ni Oficiers exercez, fut facilement vaincu, & il perdit tout son vaste Empire après deux ou trois batailles.

Les Places fortes & la longueur des Sieges donnent le tems au Vaincu d'exciter ses Voizins à le secourir, & à interpozer leurs forces & leur mediation pour arrêter les progrez du Conquerant. Ces Voizins sont excitez à secourir le plus foible, par la crainte raizonable qu'ils doivent avoir, que s'ils laissent ce Conquerant s'agrandir & se fortifier par tant de conquêtes, ils n'en soient eux-mêmes bientôt ataquez & vaincus.

FRONTIERES FORTIFIE'ES.

Comme le Roi de France n'a à craindre d'invazion que des Enemis du dehors, il n'a bezoin de Places que sur les frontieres. C'est prudence d'avoir un double rang de Places fortes,

du coté de l'Enemi le plus redoutable.
Et je doute que la France en ait fufizament du coté d'Alface, du coté de
la Lorraine, du coté des Ardenes &
de Luxembourg. Mais à dire la verité,
la meilleure Fortification & la moins
couteuze, feroit la fignature des Cinq
Articles fondamentaux, pour faire durer la paix par l'établiffement des Arbitres des diferens futurs dans la Diète
d'Europe : & un pareil Traité couteroit beaucoup moins, que ces fortifications, à faire & à entretenir.

INGENIEURS.

Nous avons fenti, depuis cinquante ans furtout, dans l'ataque & dans la
defenfe des Places, combien un feul
homme inftruit des Matématiques pratiques mettoit de diference dans un
fiege, foit pour fauver des hommes,
foit pour avancer, foit pour retarder
la prize d'une Place. Auffi fur les fages
remontrances du feu Marechal de
Vauban, qui s'etoit lui-même fait Ingenieur, nous en fomes venus à former
le corps des Ingenieurs, qui doit fa
naiffance & fon progrez à ce Grand-
Homme. Mais il eft evident que fi

le

le quart des Capitaines d'Infanterie s'a-
pliquoient, comme lui, à s'inftruire
de toutes les Matématiques militaires, les travaux en feroient bien mieux
conduits, & bien plus promtement
executez.

Il feroit donq utile que le Roi donât une penfion de trois-cens livres
par regiment à celui des Lieutenans,
une autre de cinq-cens livres à celui
des Capitaines, & une de mille livres
à celui des Colonels, qui par le Scrutin de leur claffe feroit jugé le plus
avancé dans les Matematiques prati-
ques-militaires.

Mais pour cela il faut etablir dans
toutes les Villes frontieres un ou pluzieurs Ingenieurs, Maitres de Matematiques pour les Oficiers, & même
pour les Soldats qui voudroient s'y
apliquer. Or fi multiplier les Ingenieurs dans nos troupes, il ne nous en
coute que fix-cens livres pour les apointemens modiques d'un Maitre de Matematiques dans chaque Place frontiere, & huit-cens livres de penfion
pour les Oficiers de chaque regiment,
ce fera très peu en comparaizon de la
grande fuperiorité que prendront nos
Oficiers

Oficiers fur les Oficiers etrangers, où cete metode ne fera point etablie.

Il me paroit que jusques à prezent les Maitres de Matematiques coutent deux - mille - quatre - cens livres, c'eft trop cher. Il eft vrai qu'on les tient eloignez de chez eux. Mais chaque Ville en auroit bientôt pluzieurs aux trois quarts moins chers, fi ceux de la Ville etoient feûrs d'être preferez, à merite egal, à leurs pareils par le Scrutin, qui fe tiendroit tous les ans entre les Etudians de Matematiques à Paris.

L'Ingenieur ataché à une Place pourroit même y faire la fonction de Maitre de Matematique militaire, moyenant un fuplément d'apointe-mens.

Emulation entre Oficiers, à qui retran-chera le plus du Luxe à l'Armée.

Il eft evident que des Oficiers d'une vie dure & laborieuze, qui dorment par tout, qui favent foufrir le vent, la pluye, les longues marches, avec moins de meubles plus faciles à trans-porter, qui ocupent moins de valets & moins de chevaux à leur fervice,

 feront

feront bientôt superieurs en succez à
une Armée où les Oficiers se piquent
de delicatesse : & le Soldat soufre bien
plus lontems & davantage, quand il
voit ses Oficiers soufrir comme eux
leurs incomoditez sans murmurer.

Mais cela ne se peut faire dans nos
Troupes, si le Roi ne jette une sorte
de mepris sur les diferentes branches
de Luxe des Oficiers de l'Armée, &
s'il ne donne des louanjes par ses Generaux aux Oficiers riches, qui donant
dans le luxe à Paris, se piquent d'au-
sterité & de retranchement à l'Armée;
qui n'ont que de grosses viandes souvent mal aprêtées à leur table, mais
en grande quantité pour l'Oficier sub-
alterne; que des tentes comunes; que
très-peu de valets; que des habits uniformes; que des matelats légers; en
un mot des Oficiers qui savent soufrir
plus d'incomoditez, que leurs pareils.

Une telle Armée depense moins de
vivres & de fourages, & peut subsister
plus lontems dans son camp, pour avoir
l'avantage de voir decamper son Enemi , & de profiter de son decampe-
ment.

Elle

Elle fe pofte plus promtement & plus facilement dans un camp avantageux, elle eft plus difciplinable, elle tient plus lontems au combat, elle dure plus lontems pour finir un fiege; en un mot elle devient la victorieuze, parcequ'elle a moins de bagage.

'Telles font en abregé les principales vuës que doivent fuivre les Miniftres de la Guerre, pour doner à leur Nation une fuperiorité de force, qui eft fi inportante au bonheur publiq. Je les ai ramaffées dans le deffein d'aider le premier Profeffeur de Politique que nous donera le Roi, afin qu'il puiffe plus facilement doner aux Commenfans des idées au-moins generales de la partie de la Sience du Gouvernement qui regarde l'Ordre Militaire.

OBSERVATION XI.

Académie Militaire.

Je viens de montrer divers moyens particuliers pour aquerir la fuperiorité fur les Enemis. J'ai indiqué pour moyen general l'Etabliffement d'une Academie Militaire. Mais j'ai encore à i ajouter pluzieurs Obfervations, en
faveur

faveur de cet Etablissement ; parcequ'il est d'autant plus inportant, qu'il comprend la maniere de perfectioner tous les autres moyens particuliers inventez, & même ceux qui n'ont point encore eté mis en pratique.

On peut compozer cete Academie de trois Lieutenans-Generaux, de douze Marechaux de Camp, & de dix-sept Brigadiers.

Comme il i a beaucoup de parties à perfectioner dans la Guerre, il est à propos aussi que l'Academie Militaire se partage pour le travail en trois Bureaux.

Elle se choizira un Directeur parmi les Lieutenans-Generaux, & il prezidera au premier Bureau, & chaque Bureau aura pour Prezident un Lieutenant-General.

Pour former cete Academie le Roi nommera trois Marechaux de Camp qui en choiziront successivement neuf autres, & trois Brigadiers qui en choiziront successivement quatorze autres ; & tous ensemble nommeront au Roi, par trois Scrutins, les trois Lieutenans-Generaux leurs Prezidens.

Chacun

Chacun des Bureaux aura foin de pluzieurs matieres.

Il paffera tous les ans deux Membres d'un Bureau à un autre Bureau, pour s'inftruire mieux de toutes les matieres.

Un de ces Bureaux, par exemple, fera chargé de faire inprimer de tems en tems les meilleurs Ouvrages fur les Fortifications, & les meilleures Inftructions, foit pour l'ataque foit pour la defenfe des Places.

Il fera ocupé à faire des Obfervations fur le Code Militaire, & à le faire inprimer de tems en tems avec les nouveaux perfectionemens que l'on i aura ajoutez.

Il i auroit deux Editions, l'une qui ne contiendroit que les articles des Reglemens rangez dans leur ordre naturel avec des Tables, l'une des titres, l'autre des matieres, pour trouver promtement la decizion en queftion. L'autre Edition qui feroit motivée contiendroit le motif ou les motifs de chaque article, lorfque le motif ne feroit pas entierement evident pour le commun des Lecteurs.

Cette

Cette Edition motivée produiroit trois bons efets. 1. Elle contribuëroit beaucoup à former & à perfectioner la raizon des jeunes Etudians qui aiment à raizoner, & à voir les motifs de chaque Loi. 2. Elle empêcheroit les Miniſtres trop préſomptueux d'abolir une Loi ſalutaire, qui leur prezenteroit des motifs très-raizonables. 3. Elle doneroit courage aux Miniſtres trop timides d'ajouter & de perfectioner la Loi, lorsqu'ils verroient que leurs predeceſſeurs, faute de quelques experiences, n'auroient pas pu tout prevoir.

Un autre Bureau ſera chargé de recueillir les Obſervations & les Memoires pour mieux diriger les Vivres, les Hôpitaux, les Munitions, les Armes ofenſives & defenſives, les Magazins &c. Il ſera chargé du progrez de l'Artillerie, & de la multiplication des Matematiciens praticiens. Il ſera encore chargé de trouver les moyens de fortifier l'emulation entre les Soldats, entre les Oficiers, & même parmi les Regimens; de trouver les meilleurs moyens pour la levée des Troupes, pour le choix des Soldats, pour la
mul-

multiplication des Chevaux, pour faciliter les Evolutions, les Marches,
les Campemens, les Ordres de Batailles dans les diferens cas ; de ramaſſer
les Cartes Topografiques des cantons,
des frontieres, des bois, des rivieres,
des ruiſſeaux, des hauteurs, des défilez,
& d'en faire faire des copies. Il ſera
encore chargé des Reglemens pour
perfectioner l'Academie Militaire, &
la Metode du Scrutin qui eſt ſi neceſſaire pour exciter, entretenir & fortifier l'émulation entre les Oficiers,
à qui ſurpaſſera ſes pareils dans l'aqui-
ſition des qualitez eſtimables , & des
talens les plus inportans au ſervice de
l'Etat.

Ce ſeroit dans ce Bureau que l'on
examineroit les moyens les plus eficaces de déraciner peu à peu la fauſſe
Opinion du Vulgaire, ſoit Femmes,
ſoit Soldats , ſoit Oficiers ; *qu'il eſt
honteux de ne pas faire un apel pour faire réparer une injuſtice reçeuë, & honteux de ne le pas accepter*; quoique la
raizon dicte à tout le monde qu'il eſt
injuſte de vouloir être ſeul juge dans
ſa propre cauze, & qu'il eſt ridicule
de

de rifquer fa vie pour une bagatelle, & contre la Loi & l'Intérêt de la Patrie, qui s'opofent formellement à ces fortes de Guerres Civiles. Car fans la ceffation de cete fauffe Opinion, je foutiens *qu'il eft cruel & même injufte de punir de la privation des biens & de la vie un malhûreux qui ne fauroit obéïr à la Loi, fans fe deshonorer & fans infamie : lui à qui d'un autre coté la Loi naturelle enjoint de ne fe jamais deshonorer, & de preferer la mort à l'infamie.*

Les féances de cete Academie finiroient au Printems, durant la Guerre : mais elle fe prepareroît eficacement par fes travaux & par fes decouvertes, durant l'Hiver & durant la Paix, à faire la guerre avec plus de fuperiorité de forces. Ils metroient ainfi en pratique durant la Guerre, les bones obfervations qu'ils auroient faites durant la Paix

Pour affurer l'affiduïté aux Conferences du matin, il faut des jettons d'une once d'argent.

Dans le Siftême Prezent de l'Europe, où il n'y a encore nul Juge, nuls
Ar-

Arbitres entre Souverains, & où les Souverains font en guerre actuelle ou en guerre prochaine, le Miniftère de la Guerre eft très-inportant, & le Miniftre très-ocupé. Mais dans le Siftême de la Diète Europaine, où les Souverains feroient contenus les uns par les autres comme les pierres d'une voute folide, & ne feroient qu'un même corps fans aucune divizion, les Afaires du Miniftère de la Guerre feroient beaucoup moins inportantes.

Il eft à propos d'établir entre les Colonels des Conferences Militaires, afin qu'ils puiffent conoitre la capacité les uns des autres; afin que dans une Compagnie de trente, ils puiffent mieux choizir entre eux les trois qu'ils doivent propozer dans le Scrutin pour une place de Brigadier.

Je ne parle point ici du Bureau du Confeil Militaire, où il i aura des Marechaux de France, des Confeillers d'Etat, & des Maitres des Requêtes. J'en ai parlé ailleurs.

OBSERVATION XII.

Reflexions fur un Livre qui a pour titre, *Mémoire fur le Service Jour-nalier de l'Infanterie.*

I.

Ce Livre, qui eſt de Mr. de Bom-belle Premier Marechal de Camp, *eſt fort eſtimé des Gens du Métier, furtout dans la vuë de former un jeune Oficier d'Infanterie. L'on peut regarder cet Ou-vrage comme très-utile pour les comman-fans, & comme une partie très-inpor-tante de l'Art Militaire.*

Il feroit à fouhaiter qu'il y eût des Traitez particuliers auffi bons, fur cha-cune des autres parties de la Guerre.

Sur ce qui regarde la Cavalerie.

Sur ce qui regarde les Dragons.

Sur le Scrutin qui regarde la Pro-motion des Oficiers.

Sur ce qui regarde l'Artillerie.

Sur ce qui regarde les Fortifications, la Défenfe & l'Ataque des Places.

Sur ce qui regarde les Vivres & les Fourages pour la fubfiftance des Ar-mées.

Sur

Sur les Ordres pour le Combat, felon les cas diferens.

Sur les Marches & fur les Campemens.

Sur les Cartels, fur les Contributions des Enemis & autres Conventions avec l'Enemi.

Sur les Hôpitaux d'Armées.

Sur les Quartiers-d'Hiver & fur les Etapes.

Sur le Code Militaire reformé & motivé.

Sur ce qui regarde la Caiffe Militaire.

Sur les Fonctions du General & des Oficiers-Generaux.

Sur les Fonctions de l'Intendant & des Comiffaires.

Sur les Metodes propres à infpirer aux Troupes l'audace, la confiance, l'inportance de la difcipline, l'émulation, & furtout la fuperiorité de conftance & de patience.

II.

Cet Ouvrage fur l'Infanterie n'eft pour ainfi dire que la dix - huitieme partie de la Difcipline Militaire, qui eft fi neceffaire pour rendre les Trou-

Q 2

pes

pes Franſoiſes ſuperieures aux Troupes des Nations Voizines.

Il ſeroit bon d'indiquer les meilleurs
moyens d'ocuper les Troupes, & ſurtout l'Infanterie, en tems de Paix.

III.

Dans le cours de l'Ouvrage, à chaque article, l'Auteur expoze très-bien
ce qui ſe pratique : mais il ſeroit à
ſouhaiter qu'il mit ſous un grand nombre de ces articles les motifs de ce qui
ſe pratique dans la Diſcipline, c'eſt à
dire le degré de la ſeûreté ou autre
utilité qui en revient.

Mettre des exemples des inconveniens arivez, faute d'obſerver cete
Diſcipline.

Il faudroit même que l'Auteur ob-
ſervât quelquefois ce que l'on pouroit
ajouter à la Diſcipline prezente, pour
la perfectioner. L'Ouvrage en ſeroit
beaucoup plus utile pour former les
bons Soldats & les bons Oficiers d'Infanterie, & feroit beaucoup plus d'honeur à l'Auteur.

IV.

Cete partie de l'Art Militaire une
fois bien perfectionée, ſeroit une grande

de avance pour mettre, dans toutes
les autres parties de l'Art Militaire,
pareil degré de perfection ; & furtout
en montrant les motifs de tout ce qui
fe pratique, & de tout ce qui fe pouroit pratiquer de meilleur.

V.

C'eft dans la Nation la plus fage,
& par confequent la plus dézireuze de
la Perpetuïté de la Paix, que l'on doit
le plus fonger à perfectioner les principales parties de l'Art Militaire.
C'eft que la fageffe ne fauroit jamais
abuzer, ni de la fuperiorité de cet Art,
ni de la fuperiorité de fes Forces.
Mais la fageffe a bezoin de la fuperiorité de forces pour contraindre les
Princes jeunes, étourdis, temeraires,
vizionaires, deraizonables, à fuivre
leur vrai intérêt, & à fe contenir dans
les bornes de leur Territoire, fans ofen-
fer leurs Voizins : & le Prince fage
& puiffant les i contiendra toujours,
par la crainte falutaire qu'ils auront
de fe trouver beaucoup plus malhûreux par la voye de la Violence & de
la Guerre, que par la voie de l'Arbitrage Europain.

OBSERVATION XIII.

Historiens des Troupes.

Il est extrêmement inportant d'entretenir, parmi les Soldats & les Oficiers, le dézir de la distinction pour la valeur & pour la capacité.

Il faut que ceux qui sont plus braves, & qui sont plus capables que les autres, ayent plus de recompenses & honorables & utiles, & puissent avancer selon le degré de leur merite national.

Il faut entretenir & fortifier l'ambition ou l'esperance d'avancer, le dézir de surpasser ses pareils, & la crainte d'en être surpassé en merite & en honeurs.

Il faut qu'il i ait recompense & punition. Il en faut imaginer de pluzieurs sortes, pour les proportioner aux actions. Il faut des recompenses de diferens degrez.

De-là il suit qu'il faut un Oficier qui soit chargé avec pension, dans chaque Brigade de l'Armée, d'écrire les actions de distinction des Oficiers & Soldats de la Brigade. Il sera nommé par le Scrutin des Capitaines & des Colonels.

Si

Si quelque Soldat ou Oficier a fait durant la campagne une action ou de valeur ou de prudence diftinguée, l'Hiftorien de la Brigade l'écrira dans un Regitre, fur la decizion des Capitaines à la pluralité : le nom de famille, le lieu de la naiffance du diftingué, ne feront pas omis.

Ces Oficiers Hiftoriens doneront à la fin de la Campagne leurs relations fignées d'eux à l'Hiftorien-general de l'Armée, qui aura foin de faire inprimer ces relations aux frais du Roï : le prix en fera par confequent fixé à peu, afin que les jeunes Oficiers puiffent facilement en acheter.

Ces diferentes Hiftoires de chaque Anée, de chaque Campagne, fi elles etoient fufizament detaillées & bien ecrites, ferviroient beaucoup aux jeunes Oficiers, non feulement pour exciter en eux l'aplication au travail, mais encore pour les inftruire des particularitez & des ftratagêmes de leur Métier, & leur infpireroient un nouveau dézir de fe diftinguer. Ni les Grecs, ni les Romains, n'avoient pas l'Art de l'Inprimerie, ni la comodité des Livres & des Relations inprimées

par

par ordre du Souverain : ainſi il leur manquoit une voie que nous avons pour honorer le merite national, par des louanges proportionées à l'utilité publique que procurent ces actions, & aux dificultez qu'il a falu ſurmonter pour réüſſir. Mais juſqu'ici nous n'avons pas ſongé à mettre en euvre cete Metode ſi precieuze, ſi peu couteuze, & ſi propre à entretenir & à fortifier l'ambition vertueuze.

OBSERVATION XIV.

Sur la Promotion des Maréchaux de France.

Je ſupoze 1. que la Cour veuille faire en 1734. douze nouveaux Maréchaux de France, & qu'elle veuille les choizir parmi les cent-trois Licutenans-Generaux que l'on voit dans l'Almanaq Royal de l'anée paſſée ; que le Roi les partage en trois Compagnies de 34 chacune, à commanſer ſuivant la date de leurs promotions ; qu'il demande à chacune de ces trois Compagnies de faire en ſa prezence quatre Scrutins en trois jours diferens, pour faire chacune quatre Maréchaux de France.

Dans

Dans le premier Scrutin ils nommeront les trois d'entre eux qu'ils jugent
avoir plus de merite national, c'est à
dire plus de talens, de vertus & de
santé, pour rendre plus de services au
Roi & à l'Etat.

Il faut que dans leur billet de Scrutin, chacun ecrive trois noms, & qu'il
mette son nom au bas du billet du
Scrutin, mais le nom du Nominateur
sera cacheté.

Quelquefois ce merite national se
rencontrera avec l'ancieneté de la promotion, mais souvent elle ne s'y rencontrera pas.

Il est certain que s'il est defendu,
sur peine de privation de voix active
& passive, de soliciter & de faire soliciter pour soi ou pour un autre, & de
faire ni promesse ni menace ; le Roi
conoitra avec seûreté en trois jours les
douze meilleurs sujets de ces cent-trois
Lieutenans-Generaux, pour les faire
Maréchaux de France.

Il est certain de-même que s'il les
nomme à-mezure à chaque Scrutin,
suivant la pluralité des sufrages, aucun
des non-élus n'aura à se plaindre du
Roi, ni du Gouvernement Prezent,

Q 5

mais

mais uniquement du Jugement de ſes pareils , & le prejugé du Publiq ne ſera pas pour lui.

Ainſi le Roi n'aura point de part à ce jugement, ſi ce n'eſt en cas que des trois qui ont le plus de voix, il ne choiſît pas le premier qui a plus de voix que les deux autres, mais alors il ne fera au plus que deux mecontens.

Il peut même ariver que ſi le premier deſigné au premier Scrutin n'eſt pas choizi par le Roi, il ſera un des trois qui ſeront nommez au ſegond Scrutin ou au troiſieme, ou au quatrieme, & que le Roi le choizira. Ainſi il aura beaucoup moins de ſujet d'être mecontent.

Si le Roi choizit toujours celui qui aura eu plus de voix, nul ne ſera mecontent de ſon jugement , puisqu'il ſera conforme au jugement de ſes pairs. Et d'ailleurs le Roi peut garder le ſecret, & le faire garder à ceux qui auront vu la liſte faite ſur les Buletins. Mais pour la reputation de Juſtice, & même pour le Bien Publiq, le Roi, s'il ne ſoupſonne aucune recomandation, aucune cabale, doit rendre cete
liſte

lifte publique, du-moins entre fept ou huit perfonnes.

2. Je fupoze que le Roi en veuille prendre quatre dans chaque compagnie de trente-quatre, & par conféquent en avoir quatre de vieux, la plupart de foixante-dix ans & au-deſſus, plus capables de confeil que d'execution; quatre moins vieux, la plupart de foixante ans & au - deſſus; & quatre autres d'environ cinquante ans & au-deſſus, fort en état de fervir; il aura ainſi douze excellens Maréchaux de France. Or perfone ne doute que la plus grande utilité de l'Etat ne doive être la regle d'une pareille promotion, & que toutes les vuës particulieres ne doivent céder à cete regle.

Or d'un coté pour favoir qui font les quatre des trente-quatre de la premiere compagnie qui ont le plus de merite national, c'eſt - à - dire le plus de talens, de vertus & de fanté propres à rendre de grans fervices à la Nation, peut - on jamais agir plus fagement que de rendre les pareils eux - mêmes juges de cete difcuſſion ? eux qui fe conoiſſent fi bien depuis fi lontems, foit par eux-mêmes, foit par leur re-putation. **Mais**

Mais il i a une condition essentielle, pour que le Roi sache precizément ce que chacun pense. C'est que chacun de ceux qui lui doneront leur billet dans son chapeau, asseûre alors SA MAJESTE' 1. qu'il n'a solicité personne. 2. Qu'il n'a eté solicité de personne. 3. Qu'il n'a donné sa parole à personne. 4. Que persone ne lui a donné la sienne sur ce Scrutin.

Avec cete metode qui est toute simple, le Roi conoitra le degré de merite de chacun de ceux qu'il choizira, & le conoitra avec la plus grande certitude qu'il puisse le conoitre.

J'ai montré ailleurs que c'est le seul moïen d'exciter & d'augmenter l'emulation entre les pareils, pour faire leurs eforts à qui se metra en etat de rendre de plus grans services au Roi & à la Nation ; & pour faire des promotions utiles au Service du Roi & de l'Etat, sans faire d'un coté aucuns mecontens du Gouvernement Prezent, & en fezant de l'autre un grand plaizir à toute la Nation. *Et c'est ce que je m'étois propozé de démontrer.*

O B-

OBSERVATION XV.

Guerre de Mer.

Ce n'eſt pas aſſez pour conſerver les biens des Sujets, d'avoir des Troupes de terre & des Places fortes. C'eſt que les biens d'un grand nombre de Sujets conſiſtent dans le Comerce Maritime. Et l'on ſait même que c'eſt par le Comerce Maritime que les revenus que produizent les terres s'augmentent conſiderablement. Il faut donq avoir des Vaiſſeaux de guerre, tant pour la conſervation des Vaiſſeaux marchands de la Nation, que pour courir ſur les Vaiſſeaux marchands enemis. Il en faut pour tenir la Mer, pour empêcher les deſcentes des Enemis, & pour eviter la ruine de nos Ports de mer.

Tels ſont les malheurs, telles ſont les dépenſes où nous ferons toujours engagez, ſoit dans la Guerre actuelle, ſoit dans la crainte de la Guerre; tandis-que les Puiſſances d'Europe ne ſigneront point les cinq articles fondamentaux de l'etabliſſement de la Diète Europaine, pour terminer ſans guerres

les

les differens, & pour avoir garantie de l'execution des promesses reciproques.

Il faut donq dans un Etat Maritime que le Ministre des Etrangers soit aussi Ministre de la Marine, qui en tems de Guerre sera très-necessaire & très-ocupé, & qui en tems de Paix sera aussi très-ocupé par les soins necessaires pour augmenter le Comerce avec nos Colonies & avec les Etrangers, dont il sera chargé.

Nous avons vu en 1666. les Holandois mezurer leurs forces maritimes avec les Anglois. Chaque Nation avoit environ cent Vaisseaux de ligne, depuis cinquante jusqu'à cent canons. Les avantages furent à-peu-prez egaux. La France n'avoit en ce tems-là qu'environ trente Vaisseaux de ligne. Elle en a eu jusqu'à cent à la mer vers 1690, & quelques-uns de cent canons. Mais ces Forces maritimes ont tellement diminué depuis, que nous aurions beaucoup de peine à en armer le tiers.

L'Edit de 1685. contre les Protestans a fort diminué le nombre de nos Matelots, de nos Manufacturiers, & de nos

nos Marchands maritimes. Nos Voizins en ont profité. Mais l'Etabliſſement de notre Compagnie des Indes va former un grand nombre de Matelots & d'Oficiers Mariniers, & peut en augmentant notre Comerce retablir en peu de tems nos Forces de Mer.

Il i a deux manieres de faire la Guerre de Mer. La premiere eſt de tenir la Mer, quand on eſt ſuperieur en nombre de gros Vaiſſeaux de quatre-vint canons de 36 & de 48 livres de bale. Car le nombre & la groſſeur des canons, le reſte etant egal, decide dans les Combats de Mer.

La ſegonde maniere qui convient au Prince le plus foible en Marine, eſt de tenir à la Mer de petites Eſcadres, des Fregates legères, pour chercher les Vaiſſeaux marchands enemis, & pour interrompre leur Comerce. Or plus leur Comerce Maritime eſt grand, plus nos Corſaires leur cauzeront de domage & s'enrichiront.

Juſqu'à-prezent notre Comerce eſt petit en comparaizon de celui des Holandois & des Anglois : & notre peu de Comerce eſt la cauze de notre peu d'Argent, comme leur grand Comerce

eſt

est la source de leurs Richesses en argent. Lorsque nous avons de la peine à trouver de l'argent à huit pour cent d'intérêt, ils en trouvent facilement à trois pour cent.

Notre Terroir est plus grand d'un tiers, & meilleur que le Terroir de l'Angleterre. Nous avons un tiers plus d'habitans, nous avons des ports en nombre sufizant, nous pourions avoir un tiers plus de Comerce qu'eux, & par conséquent un tiers plus de Matelots & d'Oficiers de Marine. Cependant ils font trois fois plus de Comerce que nous, & ont trois fois plus de Matelots que nous.

MATELOTS.

Augmentons notre Comerce Maritime des trois quarts, nous aurons un tiers plus de Matelots que les Anglois, un tiers plus de Vaisseaux, un tiers plus de Richesses en argent qu'eux. Nous avons bien commencé en etablissant une Compagnie des Indes, avec un fonds quatre fois plus fort que celui avec lequel les Anglois ont commencé leur Compagnie. J'ai montré, dans un Memoire separé, les

moïens

moïens de rendre notre Compagnie beaucoup plus florissante.

COMPAGNIE DES INDES.

Il me paroit qu'il est raizonable que le Ministre de la Mer ait dans son departement toutes les Compagnies de Comerce Maritime. C'est qu'il faut, en tems de Guerre, qu'il sache ce qu'il en peut tirer de Matelots, de Vaisseaux, de Munitions, d'Oficiers, d'Enségnemens pour les entreprizes; & en tems de Paix, il faut qu'il les protège par des Convois. Je sai bien qu'il i a une grande relation des Compagnies Maritimes avec le Ministère des Finances. Mais elles en ont beaucoup davantage avec le Ministère de la Mer, surtout s'il est en même tems Ministre de toutes les Afaires avec les Etrangers.

Parties principales de la Marine.

Il i a pour la Guerre de Mer, comme pour la Guerre de Terre, deux genres d'Oficiers; les uns pour combatre, les autres pour le service & pour la subsistance des Armées.

Il faut des vivres, il faut des armes de rechange, il faut des munitions, il faut de l'artillerie, il faut de l'argent, tant pour les Soldats, pour les Matelots, que pour les Oficiers.

Il faut même des Oficiers Mariniers, qui reçoivent l'ordre des Oficiers du Vaiſſeau, & qui le faſſent executer par les Matelots.

Quand dans un Vaiſſeau il manque un Enſégne, il eſt remplacé par un Garde-Marine ; après l'Enſégne, vient le Lieutenant ; & après le Lieutenant, c'eſt le Capitaine du Vaiſſeau.

Le Chef-d'Eſcadre commande un certain nombre de Vaiſſeaux & de Capitaines. Le Lieutenant-General commande un certain nombre de Lieutenans-Generaux, & l'Amiral commande aux deux Vice-Amiraux.

Un Lieutenant-General, un Chef-d'Eſcadre, un Intendant de Marine dans chaque Port.

Un Intendant de Marine a ſous ſes ordres pluzieurs Comiſſaires, les uns pour les claſſes de matelots, d'autres pour les vivres, d'autres pour les munitions & magazins &c. Il faut dans chaque port un Tréſorier, & dans la

capi-

capitale un Tréforier-General : & même il i a eu des anées, où la dépenfe
de la Marine pour cent Vaiffeaux a
monté à dix milions d'onces d'argent :
elle monte à-peine à un milion & demi
d'onces prezentement, en tems de Paix.
Après les Comiffaires vienent les Ecrivains principaux, & enfuite les fimples
Ecrivains.

L'expérience nous a montré peu-
à-peu la neceffité des fonctions & du
nombre de ces Oficiers.

Je demanderois feulement qu'il i
eût encore quelques grades de plus
entre le grand nombre de Capitaines,
de Lieutenans, d'Enfeignes & de
Gardes-Marine ; enforte que le grade
inferieur de Capitaine de cinquante
canons, fût toujours l'unique pépinière du grade immédiatement fuperieur,
comme de Capitaine de Vaiffeau de
foixante-&-dix canons. On ne fauroit
trop multiplier les grades, pour entretenir & fortifier l'emulation.

CONSTRUCTION.

Nous manquons de bois de con-
ftruction, cependant nous avons des
forêts immenfes en Canada, dans la

Nouvelle France : par exemple dans l'Isle Saint-Jean, qui avoit eté concedée au Comte *de Saint Pierre* mon frère & à sa compagnie vers l'embouchure de la riviere de St. Laurent, & qu'il a retrocedée au Roi, il y a du bois à bâtir à l'infini, & de la mine de fer. Or ne pouroit-on pas i faire des forges, y construire des vaisseaux, y semer du lin & du chamvre, & charger les vaisseaux de fer & de bois de construction tout preparé pour les magazins ? Toutes ces chozes consistent à suputer les frais de l'etablissement & du transport, pour en conoitre le profit.

Charpentiers.

A l'egard des Charpentiers constructeurs nous en avons de bons, mais nous n'en avons pas en assez grand nombre ; & ils pouroient se perfectioner, si la Cour en envoïoit deux de tems en tems, voir les chantiers des Holandois & des Anglois, pour comuniquer ensuite aux Ministres les observations de leur voïage.

Gar-

GARDES-MARINE.

L'etabliſſement des Compagnies de Gardes - Marine me paroit très - ſage. C'eſt la pepinière des Lieutenans, & ceux - cy la pepinière des Capitaines. Mais il faut que les pareils choiſiſſent entre eux par Scrutin, par compagnies de trente ou environ, celui qui doit monter à l'Enſeigne vacante. La metode du Scrutin i peut être beaucoup perfectionée.

MATEMATIQUES.

Pour encourager les Oficiers à s'apliquer de plus en plus aux Matematiques Pratiques, il eſt à-propos que dans une compagnie de trois - cens Gardes - Marine, il i ait une penſion de deux - cens livres par chaque trentaine. Pour celui qui, à la pluralité des voix par Scrutin ſera eſtimé, par les vint-neuf pareils de ſa compagnie, le plus habile dans les Matematiques Marines.

Il faut de - même pour trente Enſeignes d'un Port une penſion de trois-cens livres, pour celui qui au Scrutin ſera jugé ſe diſtinguer dans les Matema-

 tiques.

tiques. Il faut de-même parmi trente Lieutenans deux penſions de cinq-cens livres pour les deux meilleurs Matematiciens Marins ; & deux penſions de mille livres entre trente Capitaines, pour les deux meilleurs Matematiciens. Cela fera que tous ceux qui ont quelques diſpozitions aux Matematiques, & quelque ambition, s'i apliqueront ; & que la conoiſſance des Matematiques ſera fort comune parmi les Oficiers de Mer, ce qui n'eſt pas encore.

S C R U T I N.

Il n'y a aucuns Oficiers qui conoiſſent ſi bien les defauts, les qualitez, les talens de leurs pareils, que les Oficiers de Marine ; parcequ'ils vivent dans le même Port, ſouvent ils mangent enſemble, & ſouvent ils ſont pluzieurs, & pluzieurs mois de ſuite dans le même Vaiſſeau, à ſe voir à toutes les heures du jour. Ainſi on peut dire que les comparaizons qu'ils font entre deux Oficiers, ſont plus exactes & plus juſtes que celles que font les Oficiers de Terre, qui ne ſe voient ni ſi ſouvent, ni ſi lontems de ſuite.

fuite. Auffi font-ils plus bleffez que
les autres, quand ils voient celui qui
a le moins de merite preferé dans les
promotions, foit par la fimple anciè-
neté, foit par la pernicieuze voie des
recomandations des perfones de credit,
à celui qui par les talens & les qualitez de fa Profeffion a un beaucoup
plus haut degré de merite national.

On peut donq dire que la metode
du Scrutin n'eft nulle part fi neceffaire que dans la promotion des Oficiers
de Marine, en choififfant & prenant
toujours dans la claffe inférieure, non
fuivant l'ordre du Tableau qui anéantit toute emulation, mais fuivant la
metode raizonable des Sufrages libres
& eclairez, les fujets les plus dignes
de remplir les places de la claffe fupérieure.

Intendans & Comiffaires de Marine.

Si l'on veut choizir pour Intendant
de Marine un excèlent fujet, il faut
le choizir par Scrutin dans la claffe des
Comiffaires, s'ils le conoiffent : & fi
l'on veut avoir pour Comiffaires d'excèlens fujets, il faut de-même les
choizir par Scrutin dans la claffe des

Ecri-

Ecrivains principaux, & ceux-ci entre les Ecrivains fubalternes.

Je ne voi pas de bones raizons pourquoi on ne peupleroit pas ces emplois de Gentilshomes, puisque ces Oficiers rendent de grans fervices à l'Etat, & courent dans le Vaiffeau même peril que les Oficiers d'Epée. Cependant il faut que les fujets non-nobles y aïent entrée à l'ordinaire, afin que lorsque le merite excèleroit dans un roturier, il pût ariver à la place d'Intendant, au préjudice du Comiffaire noble qui a plus de défauts, & les bonnes qualitez en moindre degré.

TEMS DE PAIX.

Les Matelots, les Pilotes, & autres Oficiers Mariniers de la Marine Militaire, s'exerçent quelquefois dans la Navigation, au fervice de la Compagnie des Indes de France, en tems de Paix. Il femble que les meilleurs Gardes-Marine, les meilleurs Enfeignes, les meilleurs Ecrivains, devroient auffi pour l'utilité de la Nation en general, & de la Compagnie en particulier, être emploïez dans les Vaiffeaux des Indes.

Mais

Mais pour cela il faudroit qu'en tems de Paix, ceux qui voudroient i être employez, confervâffent leurs apointemens, en fezant leur féjour au port de la Compagnie, pour s'y faire conoitre, pour aprendre diférens faits de ceux qui arivent des voïages. Il faudroit qu'ils nommâffent par Scrutin, chacun dans leur claffe de Garde-Marine, d'Enfeigne, de Lieutenant, de Capitaine , trois à choizir pour chaque place ; trois Gardes - Marine pour une place de Garde - Marine, trois Enfeignes pour une place d'Enfeigne , trois Lieutenans pour une place de Lieutenant, trois Capitaines pour une place de Capitaine. Le Directeur de la Compagnie rendroit compte du Scrutin aux Affemblées ; & elle auroit ainfi feûreté entiere, qu'en choiziffant un des trois elle choiziroit le meilleur d'entre trente bons fujets.

Il ariveroit de-là que la Cour, fans aucune nouvelle dépenfe, exerçeroit fes Oficiers, & les perfectioneroit pour s'en fervir avec plus d'avantage dans les tems de Guerre . Elle pourroit même s'en fervir avec plus d'utilité,

R 5

pour

pour faire des entreprizes aux Indes contre les Enemis, au nom de la Compagnie. Entreprizes que l'on ne sauroit ni projeter, ni executer avec succez, que sur les conoissances que d'habiles Capitaines auroient prises sur les Lieux.

OBSERVATION XVI.

Académie de Marine.

Une Académie de Marine seroit utile dans la Capitale.

1. Pour perfectioner le Code Maritime, & avoir soin de le faire inprimer de tems en tems avec les nouveaux perfectionemens.

2. Pour encourajer les Inventeurs des Découvertes sur la Marine.

3. Pour perfectioner les Memoires des Découvertes, & pour en estimer la valeur, & le tout *ad instar* de l'Académie Militaire dont je viens de parler.

4. Pour avoir soin de faire inprimer tout ce qui regarde l'instruction des Oficiers de Marine, soit pour instruire les commansans, soit pour servir aux plus habiles, soit pour rectifier les

Cartes

Cartes Marines : & cela pour diminuër le bezoin d'un grand nombre de Livres qui fe répètent neceffairement, en traitant les mêmes matieres.

Ce Recueil d'Ouvrages s'apeleroit Biblioteque Marine, & chaque Tome de ce Recueil fe perfectioneroit à toutes les éditions par les Académiciens. Les principales Obfervations s'inprimeroient feparément, pour ne pas mettre ceux qui auroient la derniere édition de la Biblioteque Marine dans la neceffité d'acheter la derniere.

5. L'Académie Marine eft un moïen general qui renferme tous les moïens & tous les projets qui peuvent s'imaginer, pour faire faire un grand progrez à toutes les parties qui regardent le Miniftère de la Marine.

J'ai parlé ailleurs du Bureau du Confeil deftiné aux Afaires de la Marine.

OBSERVATION XVII.

Sur la Venalité des Emplois Militaires.

1. Il i a un grand prejugé contre la Venalité. C'eft qu'originairement, lorsque le Miniftre General ne fongeoit qu'à perfectioner la Difcipline
Mili-

Militaire, les emplois de Capitaine, de Colonel, ne se vendoient point.

2. Nous n'avons vu en aucun tems que ces sortes d'Emplois se soient jamais vendus chez les Grecs, ni sous Filippe, ni sous Alexandre son fils, ni parmi les autres Monarques qui ont eu anciennement du succez dans la Guerre, ni parmi les Athéniens, ni parmi les Lacédémoniens, ni parmi les Romains, dans les tems que leur Discipline Militaire a eté portée au plus haut poinct.

3. Nous ne voïons point acheter les Emplois de guerre de terre ni de mer, sous le Regne des Empereurs illustres, ni sous Clovis, ni sous Charles-Magne en Europe, ni sous Ginguiskan, ni sous Tamerlan, ni sous les Empereurs Turcs en Asie.

4. Le Grand Gustave Roi de Suede, que nous avons pris tant de soin d'imiter pour la Discipline Militaire, étoit infiniment eloigné de laisser introduire la Venalité dans les Emplois de l'Armée.

5. Ni le feu Roi de Suede Charles XII. qui mettoit presque toute son aplication à perfectioner la Discipline

pline

pline Militaire, & à augmenter l'émulation parmi les Oficiers, soit superieurs, soit subalternes, ni aucuns des Princes Souverains nos voisins, ni l'Empereur, ni le Roi d'Angleterre, ni le Roi de Pologne, ni le Czar, ni le Roi de Prusse, ni aucun Prince Alemand, ni le Roi de Suede d'aujourdui, ni le Roi de Danemarq, ni le Roi d'Espagne, ni le Roi de Portugal, ni aucun Prince d'Italie, ni aucune Republique, ne permettent de vendre aucun Emploi dans le Comandement des Troupes, ni Enseigne, ni Lieutenant, ni Capitaine, ni Colonel. Cependant il est certain que chacun de ces Princes, & chacune de ces Republiques, ont intention d'avoir, & les meilleurs Oficiers, & les meilleures Troupes, & la meilleure Discipline qu'ils puissent avoir. Il y va de tout pour eux d'avoir toujours, à nombre egal, la superiorité sur leurs Enemis.

Inconveniens de la Venalité.

1. Pour mieux demontrer ces inconveniens, rien ne paroit plus propre que de comparer deux Armées de trente - mille hommes chacune; mais dout

dont l'une n'aura que des Oficiers qui ont commencé par la venalité, & l'autre dont les Oficiers auront monté par les degrez de valeur, de vertu & de talens, & par Scrutin entre trente pareils.

2. Il eſt bon d'obſerver que, tout le reſte etant egal, l'Armée qui aura de la ſuperiorité du coté des Oficiers particuliers, aura de la ſuperiorité dans le total. Or qu'eſt-ce qui rend un Oficier, ſuperieur à un autre Oficier? 1. Plus de courage. 2. Plus de lumiere & de capacité. 3. Plus de reflexion ſur les experiences. Or où prendra-t-il cete ſuperiorité ſans emulation? Et où prendra-t-il cete emulation, ſi la ſuperiorité d'argent ou d'ancieneté l'emporte ſur la ſuperiorité de merite national?

3. Il n'i a perſonne qui ne ſache que le manque de Finances dans l'Etat pour recompenſer des Oficiers, a porté les Miniſtres à permètre de vendre les charges de Magiſtrature; que la même dizète à rendu venales très-mal à propos les charges de Comiſſaires de Marine, & autres. La venalité afoiblit fort nos Armées. Mais coment
guérir

guérir cete pleye, qui s'eft augmentée tous les jours? On peut la guérir peu à peu, dans douze ou quinze ans: 1. Avec la metode du Rembourfement par des rentes viageres. 2. Avec la metode du Scrutin perfectioné. J'en parle ailleurs.

OBSERVATION XVIII.

Queftion Politique.

Kempfer, à la fin de fon *Voyage du Japon*, foutient qu'il i auroit plus d'avantages pour la Nation Japonoife à interdire au Japon tout comerce avec les Etrangers, foit Aziatiques, foit Europains, qu'à ne le pas interdire. Pour moi je fuis d'une opinion contraire, & voici mes raizons.

1. Il paroit par la conduite des Japonois, qu'eux-mêmes croient que le Comerce Etranger, à un certain degré & avec certaines précautions, leur eft plus avantageux que nuizible.

2. S'il eût eté defendu aux Portugais de convertir aucun Japonois, à peine d'être exclus de leur Comerce au Japon, ces Negocians n'auroient jamais mené aucun Convertiffeur au Japon.

Japon. Ils n'y auroient au-plus mené que quelque bon Prêtre Seculier, qui ne se seroit mêlé de rien que de son Ofice. Et n'ayez pas peur que les Holandois, ni les Chinois, tant qu'ils trouveront leur utilité dans le Comerce du Japon, songent à i convertir personne à leur Religion.

3. Hors la crainte de l'établissement d'une Religion Etrangère qui peut troubler la Tranquilité Publique, il me semble qu'il n'y a qu'à gagner pour la Nation Japonoise à augmenter son Comerce Etranger, pour augmenter ses Arts & ses autres Conoissances, & pour troquer ce qu'ils ont de trop contre ce qu'ils n'ont point, & contre ce dont ils n'ont que trop peu.

4. Nous ne pouvons pas disconvenir que les Holandois & les Anglois se soient enrichis par le Comerce Etranger, c'est-à-dire qu'outre les mêmes Terres qu'ils possedoient, ils en ont aquis encore d'autres, & beaucoup d'Argent & de Marchandizes qu'ils n'avoient point, & qui raportent aux Particuliers devenus Negocians un tiers, une moitié plus de revenu qu'ils n'avoient.

5.

5. Le Comerce Maritime, malgré les dangers & les pertes, eſt encore le plus lucratif: donq il i faut doner plus d'attention, qu'au Comerce Intérieur.

6. Mais comme le Comerce Intérieur eſt la baze du Comerce Maritime, il faut vizer à augmenter l'un pour augmenter l'autre.

7. On ne ſauroit disconvenir que le revenu que les Negocians Anglois & Holandois tirent de leur argent, de leurs marchandizes, de leur induſtrie, de leur travail, de leurs voïages, ne ſoit un revenu très-réel & très-grand. Et en efet quelle diminution dans le revenu des habitans de Marſeille, de Bordeaux, de Nantes, de St. Malo, ſi on leur ôtoit le revenu du Comerce Etranger?

8. Pretendre que l'augmentation du revenu d'une Nation n'eſt pas un avantage pour cete Nation, eſt une pretention mal fondée. Car enfin n'eſtil pas vrai que plus on a de revenu, plus on peut s'épargner de peines, & acheter de plaizirs, & augmenter ſes comoditez? Ainſi n'eſt-ce pas être dans un état plus hûreux?

9. De-là il fuit que la Nation Japonoife feroit encore plus hûreuze, fi en confervant feûreté enticre de fa tranquilité, elle augmentoit chez elle la liberté du Comerce avec les Etrangers ; & furtout fi elle fezoit elle-mème la plus grande partie de fon Comerce, que fi elle vizoit à le diminuër, en augmentant les dificultez pour les Etrangers.

10. Il eft vrai que plus il i a au Japon de fujets ocupez aux Arts, plus ces Arts fe perfectionent. Mais la Navigation n'eft-elle pas un Art des plus inportans, furtout à ceux qui habitent des Iles ? Or cet Art ne s'augmentera-t-il pas de beaucoup par les Voïages de long cours, & furtout par le Comerce avec les meilleurs Navigateurs de tous les Peys du Monde.

11. Nous avons enlevé l'Art des Glaces aux Venitiens. Les Anglois nous ont enlevé l'Art du Papier. Nous leur avons enlevé divers perfectionemens de la Draperie & de l'Horlogerie. Or les diferens vols de diferens Arts & de diferentes Siences, que les Japonois pouroient faire fur les Eutopains, ne produiroient-ils pas chez eux

un beaucoup plus grand progrez de ces Arts, s'ils envoïoient chez nous des Ouvriers ou des Savans pour s'inſtruire, que ſi ces Ouvriers & ces Savans demeuroient toujours chez eux? Eſt·ce donq qu'il n'eſt pas beaucoup plus aizé d'imiter ce qui eſt inventé par les autres, que de l'inventer ſoi-même?

12. Il eſt vrai que par le Comerce avec les Europains, la Superſtition diminuëra de force chez les Japonois, à l'egard de l'eficacité qu'ils mettent dans leurs Oraizons, dans leurs Ceremonies, & dans certaines Opinions qu'ils croient neceſſaires pour eviter l'Enfer, & pour obtenir le Paradis, & que par conſequent ils en croiront les Euvres de Juſtice & de Bienfaiſance beaucoup plus eficaces pour la ſegonde Vie; parceque les Etrangers avec qui ils comerceront, ſoit Crétiens, ſoit Mahométans, ſoit Chinois, ſoit Indiens de toutes les Sectes, conviendront tous avec eux de la ſuperiorité de cete eficacité des Euvres de Juſtice & de Bienfaizance pour plaire à l'Etre ſouverainement juſte & bienfaizant, ſur l'eficacité des Paroles & des diverſes Ceremonies Religieuzes.

S 2

Or

Or cete diminution dans leur Superftition ne fera - t - elle pas au contraire
un grand moïen pour augmenter le
bonheur de leur Nation? Les Japonois n'en deviendront - ils pas infenfi-
blement plus juftes & plus bienfaifans,
& par confequent plus hûreux?

13. Le Souverain qui craint que fes
fujets n'aillent s'établir peu à peu ailleurs, n'en fera - t - il pas plus atantif
pour diminuer leurs maux, pour augmenter leurs biens, & pour atirer chez
lui plus de nouveaux habitans? N'eft-
ce pas même augmenter fon Empire
d'une maniere louable, que d'augmenter le nombre de fes fujets, en les ren-
dant plus hûreux que les fujets des
autres Souverains?

14. Tant qu'il i aura deux Empereurs au Japon, il i aura une femence
de divizion & de guerre civile : mauvais Gouvernement facile à divizer,
& par conféquent facile à envahir par
les Voizins. Autre mauvaize Politique, d'avoir des Gouverneurs hereditaires, ou des Princes particuliers
dans les Provinces, comme au Japon:
ocazion perpétuèle de ligues & de revoltes. Ainfi il n'eft pas etonant que
l'Em-

l'Empereur feculier dans cete fituation foit fi fort en garde contre le Comerce avec les Etrangers, parcequ'ils pourroient dans leurs mécontentemens fe liguer avec les Princes mécontens : mais avec quelques précautions, il lui fera facile de tirer de leur Comerce beaucoup de grans avantages fans aucun danger.

15. Ne fe point mêler des afaires de fes Voizins, mauvaife politique. Car fi vous laiflez le plus fort envahir le plus foible, & exercer fes troupes, vous-vous mettez en danger d'être envahi vous-même. Et qu'eft-ce que des troupes mal aguerries contre des troupes bien aguerries, finon des troupeaux de moutons contre une compagnie de loups ?

OBJECTION.

Il y a des Filozofes qui foutienent en Morale que les habitudes diminuënt tellement les maux & les plaizirs des hommes, que l'homme né avec fix-cens livres de rente avec egal degré de fageffe que celui qui eft né avec fix-mille livres de rente, eft egalement hûreux. De-là il fuit qu'en

                laiffant

laiſſant les habitans du Japon ſans augmentation de leur revenu par le Comerce, ils feront auſſi hûreux prezentement, que leurs Petits-enfans qui ferqient nez de la moitié plus riches en revenus par les travaux & le comerce de leurs Peres.

Reponse.

1. Je conviens que l'habitude diminuë fort les biens & les maux de chaque Condition. Mais comme elle ne les anéantit pas entierement, elle ne rend pas les Conditions entierement egales. Dans la Condition pauvre il y a certainement plus de maux à foufrir, que dans la Condition qui eſt cent-fois plus riche. Il faut donq rabatre le tems qu'il faut au pauvre, pour s'acoutumer aux maux de ſa Condition.

2. J'en apèle-au ſentiment intérieur & à l'expérience. Il n'i a perſone qui ne ſoit perſuadé que malgré la diminution des biens & des maux que l'habitude cauze dans les Conditions diferentes où naiſſent deux hommes, l'un avec ſix-cens livres, l'autre avec ſoixante-mille livres de rente, le riche n'ait

encore

encore plus de moïens d'eviter les incomoditez & d'acheter des plaizirs,
que l'homme né avec cent fois moins
de revenu.

3. Si les Japonois demeurent fans
Comerce, tandis que leurs Voizins
egaux en revenus doubleront leurs revenus par le Comerce en trente ans,
ils fe trouveront au bout de ce tems-
là moitié plus foibles que leurs Voizins. Les Holandois, par leur Comerce, ont augmenté leurs richeffes
& leur bonheur.

4. Le tems du paffage de l'etat pauvre à l'etat riche, eft le tems où celui qui devient riche fent plus de plaizir, que celui qui demeure dans fon
etat de pauvreté. Il eft même pluzieurs anées à goûter les comoditez
de fa richeffe, avant que l'habitude
lui en ait ôté le fentiment. Donq il
y a quelque choze à gagner pour ceux
qui travaillent à s'enrichir, quoiqu'il
n'y ait pas tant que l'on s'imagine ordinairement.

CONCLUZION.

De-là il fuit que ce feroit une Politique trez-prejudiciable à la Nation Japonoife, fi l'Empereur du Japon interdizoit à fes fujets tout Comerce avec les Etrangers. *Et c'eft ce que je m'étois propozé de démontrer.*

OBSERVATION XIX.

Exemple d'un Poinct-d'honeur mal entendu,

FAIT.

Mr. de Bé. . . . . Lieutenant-General de l'anée 1731. commande le Camp, fur la Mozelle, des environs de Metz en 1733.

Par fes Lettres de Comandant, il doit doner les ordres aux Garnizons de Tionville & de Longwic.

M. de Mu. . . . Lieutenant-General de l'anée 1710. Gouverneur de Tionville, & M. de la... Lieutenant-General de 1720. Gouverneur de Longwic, ont refuzé de reçevoir fes ordres fur ce qui regarde leurs Garnifons, & fe font faits un point-d'honeur de doner plutôt la démiffion de leurs

Gou-

Gouvernemens, que de reçevoir les ordres de leur cadet.

Le Roi a reçeu leur démiſſion, & leur a doné à chacun huit-mille livres de penſion.

QUESTION.

Je me trouvai hièr dans une converſation, où l'on diſputa beaucoup ſur la queſtion que voici.

Eût-il eté plus honorable pour eux, auroient-ils mieux obſervé les regles de l'Honeur, de ſe ſoumettre à l'ordre de la Cour, & de reçevoir en conſéquence les ordres de M. de Bé. . . . nonobſtant leur ancieneté, & de continuër à ſervir le Roi & l'Etat chacun dans ſon Gouvernement, que d'envoïer leur démiſſion, & de quiter ainſi le Service actuel?

On ſupozoit que le Roi étoit inſtruit de leur ancienneté.

PRINCIPE DE DECIZION.

Le parti le plus honorable pour un bon Citoyen, pour un bon Serviteur du Roi, n'eſt-ce pas celui où il rendra plus de ſervices au Roi & à la Patrie?

S 5   ECLAIR-

ECLAIRCISSEMENS.

Or n'eſt-il pas evident qu'en demeurant chacun dans leur Gouvernement, en obéïſſant à la volonté du Roi, & en reçevant par conſequent les ordres du Commandant du Camp quoique leur cadet, ils eûſſent rendu plus de ſervices au Roi & à la Patrie, qu'en quitant le Service actuel ?

Que l'on me montre un autre principe pour diſcerner ce qui eſt honorable de ce qui eſt blâmable, pour diſcerner ce qui eſt plus honorable, plus digne de loüanges, de ce qui l'eſt moins.

En quoi conſiſte donq le vrai honeur d'un Oficier de Guerre ? N'eſt-ce pas de ſurmonter les plus grandes dificultez, pour rendre au Roi & à la Patrie de plus grans ſervices que ſes pareils ? N'eſt-ce pas ce que ces deux excellens Oficiers ont fait de plus loüable, durant plus de cinquante ans de ſervice ?

Les Oficiers méritent-ils des loüanges, des diſtinctions, des honeurs publiqs, ſi ce n'eſt à proportion qu'ils ont rendu de grans ſervices à la Patrie,

en

en furmontant, avec un grand courage
& avec une grande conftance, de grandes dificultez ?

Or de-là ne fuit-il pas que ces Mes-
fieurs eûffent pris dans le fond le parti le plus honorable, s'ils eûffent obéï
à la Patente de M. de Bé. . . . . s'ils
eûffent continué à fervir chacun dans
leur Gouvernement ? Car quel honeur
merite celui qui quite le Service ? Voilà ce que je dîs alors, & ce qui fut
aprouvé de pluzieurs, mais je trouvai
des contredizans.

RAIZONS DES CONTREDIZANS.

Pour rendre ma demonftration entiere, il eft à propos de montrer que
les raizons des contredifans, quelques
fpecieufes qu'elles paroiffent à quelques-uns, n'ont en efet aucune folidi-
té. C'eft ce que je vai faire, en les
propozant fous le nom d'Objeċtions.

OBJECTION I.

Le parti le plus honorable pour un
Gouverneur, n'eft pas toujours de rendre fervice au Roi & à l'Etat, en confervant fon Gouvernement : c'eft plutôt de facrifier un revenu confiderable,

&

& même des esperances de fortune, pour rendre un autre service plus considerable à son Prince & à sa Patrie.

Or n'est-ce pas leur rendre un service plus considerable, que d'assujettir la Cour par leur exemple à suivre toujours un ancien uzage qui est très-utile à l'Etat, & qui consiste à conserver à chacun les prerogatives de l'ancieneté; & par consequent de ne doner jamais, en aucun cas, aucune superiorité de Commandement à un nouveau Lieutenant-General sur l'ancien?

RÉPONSE.

1. La prerogative de l'ancieneté entre Lieutenans Generaux n'opère par elle-même aucun droit pour l'ancien, de commander à son cadet. Il est vrai qu'il est etabli par l'uzage, que lorsqu'il n'y a point d'ordre du Roi par ecrit qui contrevienne à l'uzage, le cadet doit obéïr à l'ancien: & cet uzage lui-même n'a d'autorité, que par la volonté du Roi qui le veut ainsi. Desorte que si le Roi done un ordre nouveau, par lequel on voye une nouvelle volonté particuliere du Roi qui déroge à la volonté generale, on doit

en

en cete ocazion particuliere fuivre la volonté particuliere, & abandoner la regle generale. Or perfonne ne peut douter que le Roi, pour la plus grande utilité publique, ne foit en droit de doner la fuperiorité du Comandement paffager au cadet fur fon ancien, par une Patente particuliere & paffagère.

2. N'eft-il pas vrai que celui qui peut le plus, peut le moins? Or perfone ne doute que le Roi peut doner au Lieutenant-General cadet, le droit de commander, toujours & en tous lieux, à tous les Lieutenans-Generaux fes anciens. Et n'eft-ce pas ce qu'il fait par une Patente permanente, qui lui done le rang de Maréchal de France.

Or n'eft-il pas de la plus grande utilité publique, que le Roi puiffe doner à celui qu'il juge avoir la fuperiorité de merite national pour tel Emploi, la fuperiorité de comandement pour tel Emploi paffager, & pour tel Cas particulier; comme il eft de la plus grande utilité publique, qu'il puiffe choizir le moins ancien comme fuperieur en merite national, pour le

mettre

mettre dans la claſſe des Maréchaux
de France, dans une claſſe ſuperieure
pour un Emploi permanent.

3. Voudriez-vous etablir la pernicieuze maxime, *que celui qui a l'an-*
cieneté doit toujours être regardé comme
celui qui a la ſuperiorité de merite na-
tional ? Voudriez-vous etablir pour
une maxime utile à l'Etat, *que celui*
qui a le moins de mérite national s'il eſt
l'ancien, doit toujours avoir le prémier
rang, & être toujours preferé pour paſ-
ſer dans la claſſe ſupérieure de Maréchal
de France ?

4. Ne ſeroit-ce pas vouloir établir
ce qui eſt évidemment faux, *que les*
hommes du même âge ont toujours valeur
égale & talens égaux ? Ne ſeroit-ce pas
anéantir toute emulation, à qui aquiè-
rera par ſon aplication plus de talens
pour ſervir la Patrie, & à qui entre-
prendra des actions où il faut plus de
courage, plus de talens, & plus de
conſtance ?

5. Ne ſeroit-ce pas vouloir etablir
que les Rois ne doivent pas avoir
pour premiere loi, *faites pour la plus*
grande utilité publique, & que l'on doit
ſuivre toujours celle-cy, *donez tou-*
jours

jours au plus ancien Lieutenant-General le grade de Maréchal de France, quelque imbécile, quelque infirme qu'il soit, comme s'il étoit le plus habile, le plus courageux, & parfaitement robuste, quelque préjudice qu'en puisse reçevoir le Service du Roi & de l'Etat?

6. S'il i a des cas passagers où il peut être très-utile à la Patrie, de doner au nouveau Lieutenant-General par un brevet le droit de commander à l'ancien, & si c'est au Roi à juger de ces cas; loin qu'il soit honorable à l'ancien de refuzer alors d'obéïr à son cadet, ce refus ne devient-il pas nuisible au service de la Patrie, & par conséquent plus blâmable qu'honorable?

7. Si le Roi juge que pour la plus grande utilité publique, il est à propos que vous reçeviez aujourdui les ordres de votre cadet pour un certain cas, ne peut-il pas ariver que pour la même plus grande utilité publique votre ancien reçoive demain ordre de vous obéïr dans un autre cas? Les uzages des rangs & des comandemens ne doivent-ils pas toujours être subordonez à la premiere loi, à la loi fon-

da-

damentale de toutes les autres ? *les Su-*
jets doivent toujours obéir au Roi, & le
Roi dans ses commandemens *doit tou-*
jours vizer à la plus grande utilité pu-
blique : salus populi suprema lex ad ma-
jorem totius Reipublicæ utilitatem. Et
n'est-ce pas le parti le plus honorable,
que de sacrifier à cette plus grande
utilité la peine que l'on peut sentir à
obéir à son cadet ?

8. Lorsqu'il est question de faire
une promotion de Brigadiers entre
Colonels, ou de Maréchax de Camp
entre Brigadiers, n'est-il pas raizonable, n'est-il pas de l'utilité de l'Etat,
que le Roi, à merite national egal,
préfère les anciens ? Mais n'est-il pas
vrai que ceux qui ont la superiorité
d'ancieneté, n'ont pas toujours ni la
superiorité, ni même l'egalité de ce
merite national ? N'est-il pas vrai que
quelquefois le cadet a une grande superiorité de merite sur l'ancien ? Or
ne trouvez-vous pas alors qu'il est
très-raizonable & très-utile à la Patrie,
de preferer la superiorité de merite
national à l'ancieneté qui n'a qu'un
merite national fort inférieur ? Or à
qui est-ce à juger de cete superiorité
de

de merite national, sinon au Roi?

Cet uzage de ne jamais ordoner à l'ancien d'obéïr à son cadet, ne doit donq jamais préjudicier *à la plus grande utilité publique.* Or est-ce à vous à juger de cete plus grande utilité? Etes-vous seul juge dans votre propre cauze? N'est-ce pas au Roi seul d'en juger?

9. Il est vrai qu'il seroit de l'intérêt du Roi, & de la reputation de sa justice, de se servir en ce cas de la Metode du Scrutin entre trente pareils, lorsqu'elle sera perfectionée. Mais c'est un autre Etablissement à faire pour la plus grande utilité publique. Et ne supozons-nous pas les choses telles qu'elles sont, & non pas telles qu'elles pouroient être mieux?

10. Le grand Scipion, le vainqueur d'Annibal, crut-il prendre un parti honteux? Ne crut-il pas aucontraire prendre un parti honorable, d'aler volontairement servir la Republique en qualité de Lieutenant de son frere cadet, dans la guerre contre Antiochus? Le feu Maréchal de Vauban ne prit-il pas aussi un parti honorable, en ofrant de nos jours au feu Roi

Louïs XIV. d'aler faire le fiège de Turin, fous les ordres de feu M. le Duc de la Feuillade, qui n'étoit alors que Lieutenant-General ? Le feu Marechal de Bouflers ne prit-il pas un parti très-honorable, d'aler en Flandre fervir fous les ordres du Maréchal de Villars fon cadet, dans la Campagne de Malplaquet ? Tout le monde n'en a-t-il pas jugé ainfi ? Or s'ils ont eté louez de tout le monde avec tant de raizon, d'avoir ainfi ofert volontairement de fervir & d'avoir fervi leur Patrie fous leurs cadets auxquels ils avoient commandé, n'en doit-on pas conclure qu'il eût eté honorable aux deux Gouverneurs d'obéïr au Roi, qui leur comandoit de reçevoir, dans une ocazion paffagère, les ordres de leur cadet pour la plus grande utilité du fervice ? Et ne fuit-il pas de là, qu'en refuzant d'obéïr, & quitant leur pofte, ils n'ont pas pris le parti le plus honorable ?

OBJECTION II.

Il faut bien que votre principe de décizion ne foit pas reçeu du comun des Oficiers, puisque la plupart ne jugent

jugent pas comme vous fur ce poinct-
d'honeur, & puisqu'ils ont jugé au-
contraire que ces deux Gouverneurs
ont pris le parti le plus honorable, en
abandonant un revenu confiderable
pour conferver les droits de leur ancieneté.

Ainfi vous m'avouërez que fi c'eft
une erreur dans la plupart des Oficiers,
cete erreur eft très-excuzable pour ces
deux Gouverneurs; puisqu'ils ont jugé du parti le plus honorable, comme
en jugent la plupart des anciens Oficiers.

R E P O N S E.

1. Je conviens qu'ils font très-ex-
cuzables d'avoir fuivi une erreur populaire, auffi le Roi les a-t-il regardez comme excuzables; puisqu'il a
jugé qu'ils meritoient plutôt de l'in-
dulgence pour leur erreur, qu'aucune
punition pour leur desobéiffance; auffi
leur a-t-il acordé une penfion de 8000₶
en confideration de leurs anciens fervices.

Mais leur erreur populaire empêche-
t-elle qu'au jugement des bons Citoyens, des plus fages Oficiers, au

T 2   ju-

jugement des Grans-Hommes que je viens de citer, ils n'aïent manqué de prendre le parti qui leur auroit eté réelement le plus honorable, *puisqu'il auroit eté le plus avantajeux au service du Roi & de la Patrie?*

2. Il est vrai que le Peuple, qui n'est pas capable de rien examiner à fond & par principes, & qui n'a jamais cherché le principe de ce qu'il a de plus loüable, de plus estimable dans les actions des hommes, ne sait pas *que le plus honorable, le plus loüable, c'est ce qui est de plus utile au plus grand nombre de familles, surtout lorsque l'entreprize est dificile.*

D'un coté la grande utilité publique, & de l'autre la grande dificulté pour le Particulier; voilà ce qui constituë une entreprize honorable, une action digne de loüanges.

Surmonter de grandes dificultez est si essentiel à une belle action, que le Peuple est tenté de regarder comme vertueuze l'action d'un chef de Voleurs, lorsqu'elle est courageuze & dificile.

Sacrifier son Gouvernement est dificile, donq il est honorable, donq il

est

eſt vertueux : voilà le raizonement du Peuple.

Il eſt vrai que ce ſacrifice eſt conſiderable, il eſt vrai que la dificulté eſt grande, *mais la grande utilité publique* ſe rencontre-t-elle dans ce ſacrifice ? Non. Au-contraire, la perte de deux bons & braves Oficiers n'eſt-elle pas une perte evidente pour la Patrie ? Donq c'eſt une action dificile, & cependant elle n'eſt nullemeut vertueuze, nulement honorable : elle eſt même blâmable, puiſqu'elle cauze une perte publique.

D'un autre coté, n'eſt-il pas dificile d'obéïr à celui à qui on a commandé. Ainſi en obéïſſant au Roi, cete action n'auroit-elle pas eté dificile ? Et comme elle auroit eté en même tems utile à la Patrie, n'auroit-elle pas eté très-vertueuze & très-honorable ?

3. Il eſt certain que la plupart des Oficiers ſont intereſſez à ſoutenir qu'une des prerogatives de l'ancieneté, c'eſt de ne jamais obéïr à ſon cadet ; parceque dans une compagnie de trente Lieutenans-Generaux, la plupart n'ont pas la grande ſuperiorité

de

de merite national. Voilà pourquoi en jugeant pour les deux Gouverneurs, le grand nombre se font juges dans leur propre cauze, ainsi leur jugement doit être compté pour rien.

IV. Le Peuple qui ne se conoit point en merite national, n'a de regle pour en juger que la seule ancieneté, comme si les hommes naissoient egaux en esprit, comme s'ils ne pouvoient pas devenir très-inégaux par leurs diferens travaux. Cependant le Peuple est dispozé à juger que le Roi fait injustice à l'ancien, lorsqu'il lui commande d'ōbéïr à son cadet, ou lorsqu'il prefére le cadet pour le faire monter à la classe superieure. Mais ce jugement en est-il moins faux ? Or n'est-il pas d'un homme sage de se défier des jugemens populaires, & de ne compter pour rien les jugemens faux, & les jugēmens des gens interessez.

Objection III.

Que le Roi fasse M. de Bé . . . . . mon cadet Maréchal de France, je lui obéirai volontiers, dira un de ces Messieurs. Je ne quiterai point le service, parcequ'il aura un brevet supérieur pour me commander. Mais tandis-qu'il n'a qu'un brevet égal au mien, ce n'eſt pas à moi ancien à lui obéïr.

REPONSE.

1. Pourquoi ne quiterez-vous point le Service, lorsque le Roi juge que M. de Be.... a ſur vous la ſupériorité de merite national, qui eſt requis pour le brevet de Marechal de France? C'eſt que vous penſez que le Roi eſt le ſeul juge de cete ſuperiorité de merite, & que le Roi a ainſi jugé en ſa faveur. Or le brevet par lequel le Roi vous ordone de lui obéïr paſſagèrement, quoiqu'il ſache votre ſuperiorité d'ancieneté, n'eſt-il pas de même une preuve ſufizante que dans l'ocazion prezente du camp ſous Metz, il juge qu'il a ſur vous une ſuperiorité de merite national pour ce commandement paſſager ; bien entendu qu'il pourra vous laiſſer dans une autre ocazion le droit de lui commander par ancieneté, & vous doner même un brevet de comandement paſſager ſur votre ancien?

2. Son brevet de commandement paſſager ne lui done-t-il pas une auto-

rité

rité paſſagère, & n'eſt-il pas un te-moignage de l'opinion que le Roi a de ſa ſuperiorité prezente ſur le ſujet du camp ? Or celui qui a le droit de doner avec juſtice un rang ſuperieur perpetuel, & pour la plus grande uti-lité publique, a-t-il moins de droit lorsqu'il s'agit de lui doner une ſupe-riorité paſſajère ſur ſes anciens ?

Objection IV.

Ils n'ont pas abandoné entierement le ſervice, ils ont au contraire ſignifié qu'ils etoient prêts à ſervir, mais dans leur rang d'ancieneté.

Reponsf.

1. Ce n'eſt pas à de bons Citoyens à reſtraindre leur maniere de ſervir la Patrie, c'eſt au Roi à ſavoir & à or-doner de la maniere dont ils doivent ſervir. Il n'y a rien d'honorable, que les actions d'un bon Citoyen.

2. Il i a des degrez entre les bons Sujets, entre les bons Citoyens, il y en a de meilleurs les uns que les autres. Et les Lieutenans-Generaux qui ſont prêts à ſervir la Patrie en trois manie-res, non ſeulement en commandant, non ſeulement en obéïſſant à leur ancien,

cien, mais encore en obéïſſant à leur
cadet autorizé du brevet de commandement paſſager, ſont certainement
meilleurs Sujets, meilleurs Citoyens,
& par conſéquent plus eſtimables, plus
dignes de loüanges, que ceux qui ne
ſont prêts à ſervir la Patrie qu'en
deux manieres.

Pour bien juger de ce qui convient
le mieux, de ce qui eſt le plus utile
au ſervice du Roi, que chacun de ces
Lieutenans - Generaux ſe mette à la
place du Roi, & il ſentira dans le moment que le reſte etant egal, il aime-
roit beaucoup mieux les Lieutenans-
Generaux prêts à ſervir en trois manieres, que ceux qui ne voudroient le
ſervir qu'en deux. Il prefereroit ſcû-
rement les meilleurs Citoyens, les Citoyens meilleurs conoiſſeurs en poinct
d'honeur, en ce qui eſt plus eſtimable,
plus digne de loüanges, plus honorable. Or dequoi s'agit-il ici ? N'eſt-ce
pas uniquement de conoitre ſi ces deux
Meſſieurs ont pris le parti le plus honorable, le plus digne de loüanges.

3. Il eſt vrai qu'ils n'ont pas entierement abandoné le ſervice, mais toujours eſt-il vrai qu'ils ont abandoné le

T 5

ſerfervice actuel de leurs Gouvernemens, pour n'être d'aucun fervice actuel, ce qui n'eft nulement honorable.

4. Il eft vrai que d'autres fuccèdent à ce fervice actuel, & que la perte eft moins fenfible pour l'Etat : mais c'eft toujours une perte pour l'Etat que d'être privé d'un fervice actuel de deux bons Oficiers, & il n'i a jamais rien d'honorable à abandoner fon pofte fans ordre du Roi, ou du Commandant pour le Roi.

Objection V.

Si les preferences que donne quelquefois la Cour à de jeunes Oficiers fur leurs anciens, tomboient toujours fur ceux qui ont la fuperiorité de merite national fur les anciens, je conviens que le Roi ne feroit jamais alors d'injuftices à l'ancien, en lui ordonant d'obéïr à fon cadet de même rang, dans une ocazion particuliere & par un brevet particulier. Car il faut convenir que la premiere regle de toute fubordination eft le plus grand fervice du Roi, & le plus grand avantage de la Patrie ; & qu'il eft du fervice du Roi, que celui qui a la fuperiorité de merite

te

te national pour telle afaire paſſagère quoique cadet, doit avoir le commandement paſſager.

Je conviens que ſi pour conoitre les trois de trente qui ont la ſuperiorité de merite national, le Roi uzoit de la metode du Scrutin purgé de toute cabale & de toute recomandation, il conoitroit avec ſeûreté les trois de ces trente pareils qui ſont ſuperieurs en merite national. Mais tout le monde ſait que le Roi, faute de cete metode, eſt ſouvent trompé ſur les Sujets ſuperieurs en merite national, ou par ſes Miniſtres, ou par ſes Favoris, qui ſont quelquefois les premiers trompez eux - mêmes dans le jugement qu'ils portent de ceux qui ont cete ſorte de ſuperiorité. Or ſupozé qu'en l'ocazion prezènte le Roi ait pu ſe tromper, qu'eſt-ce que peut operer la demiſſion de ces Meſſieurs ? C'eſt de rendre la Cour plus circonſpecte dans les preferences qu'elle donne au cadet ſur l'ancien. Et cete operation n'eſt-elle pas utile au bien du ſervice du Roi & de l'Etat ? Et n'eſt-il pas honorable de ſacrifier quatre mille livres de rente, pour rendre un pareil ſervice à l'Etat ?

RE-

Reponse.

1. Pour rendre cete Objection folide, ce n'eſt pas aſſez que le Roi ait pu ſe tromper ſur le jugement qu'il a porté de la ſuperiorité du merite national du cadet ſur ſes deux anciens: il faut qu'au jugement des conoiſſeurs non ſuperficiels, il ſe ſoit efcctivement trompé. Or où trouver ce jugement de conoiſſeurs non ſuperficiels, en faveur de ces deux Meſſieurs? Cela ſe peut-il ſans la metode du Scrutin?

2. Pour rendre cete Objection folide, il eût falu qu'ils euſſent eté ſûrs qu'en donant leur demiſſion, ils obligeroient la Cour à uzer de la metode du Scrutin. Mais où eſt cete ſeûreté?

Concluzion.

Supozé les faits & les raizons cydeſſus expozées, il eſt evident que le principe de deciſion, *que le parti le plus honorable c'eſt de continuër à ſervir l'Etat en obéiſſant au Roi*, eſt inconteſtable, & que les raizons contraires n'ont aucune ſolidité.

De-là il ſuit que les deux Gouverneurs n'ont pas pris le parti qui eſt
réelle

réellement le plus honorable, mais qu'ils font excuzables & mêmc fort à plaindre, de s'être laiſſé prevenir par une erreur populaire, & de n'avoir pas conu le vrai principe de decizion, ni par conſequent le parti qui etoit efectivement le plus digne de loüanges. *Et c'eſt ce que je m'étois propozé de démontrer.*

OBSERVATION XX.

Honeurs aux Morts pour la Patrie.

A l'entrée des Spectacles, devant tout le monde aſſemblé, les Orateurs d'Athênes nomez par le Peuple avoient foin de faire l'eloge des talens & des vertus des Oficiers morts en combatant pour la Patrie.

C'etoit une forte de reconoiſſance que la Patrie marquoit aux Citoyens qui avoient facrifié leur vie à fa conſervation, mais ce n'etoit pas la feule marque de reconoiſſance. La Patrie donoit encore à la veuve & aux enfans, en penſion aux familles pauvres, & en honeurs durables aux familles riches, de quoi les dedomajer de la perte qu'elles avoient faite pour fervir la Patrie.

Il nous manque un Reglement pour la diſtribution des diferens Honeurs, d'Inſcriptions publiques, de Medailles, de Statuës, de Fêtes anuèles pour les Victoires, pour honorer les Generaux qui les ont gagnées, à proportion de la grande utilité que ces Victoires ont procuré à la Patrie, ou des grans malheurs dont elles l'ont garantie. Et ſur ce pied-là, on peut dire que nous aurions d'ici à lontems une grande Fête anuèle pour la derniere Victoire de Denain d'il y a vint ans. Car ſans cete Victoire, la France etoit dans un etat afreux.

On ne ſauroit trop exciter les courages & les talens des Generaux & des Oficiers-Generaux, à des entreprizes hûreuzes. C'eſt pour cela que je voudrois que l'on diſtribuât à ces jours de Fêtes, des liſtes des Morts, des liſtes des Bleſſez, & des autres Oficiers qui ont eu le bonheur d'agir dans la Bataille.

OBSERVATIONS.

Il est possible de procurer la Paix à l'Europe, & de la rendre solide.
Decembre 1733.

F A I T.

Dez avant la mort du Roi Auguste que l'on prevoïoit prochaine, & qui ariva le premier Mars de cete anée 1733. à Varsovie; M. de Zinzendorf, le promoteur principal, & même, dit-on, l'inventeur du sistême de la Pragmatique-Sanction pour l'Indivizibilité des Etats de la Maizon d'Autriche, imagina de profiter de l'ocazion, & de negocier pour faire accéder le nouvel Electeur de Saxe à cete Pragmatique, contre laquelle le Roi Auguste son pere avoit publiquement protesté.

Il jugea que cete Negociation pouroit facilement réüssir par l'entremize de l'Electrice, si l'Empereur lui prometoit d'emploïer son credit & ses forces pour le faire Roi de Pologne, de gré ou de force.

Deux chozes s'opozoient à ce Projèt. La premiere, l'equité naturelle de l'Empereur, qui pouvoit regarder

comme

comme injufte d'ôter la liberté d'elire
à la Republique de Pologne. La fegonde, c'etoit la crainte qu'il avoit
de s'atirer une guerre d'une grande
depenfe contre la France. Mais enfin
Zinzendorf, avec des raizons fpecieu-
zes, & par fes diferens manèges, obtînt
que fon Projèt fût propozé en plein
Confeil.

Le Prince Eugène, après en avoir
entendu la propozition, & les raizons
qu'on aportoit pour excuzer l'injuftice
de la voye de la violence & de la force
contre la liberté de la Republique de
Pologne, & les raizons fur lesquelles
Zinzendorf fe fondoit pour montrer
qu'une pareille entreprize ne cauzeroit point de guerre contre la France,
dit qu'il fe raportoit à l'Empereur fur
ce qui regarde l'equité de cete conduite à l'egard d'une Republique Aliée :
mais que comme il conoiſſoit mieux
qu'un autre les François, & la con-
ftitution de la France, il prevoïoit une
grande & fâcheuze guerre, que l'execution de ce projet atireroit infailli-
blement à l'Empereur, & conclut que
c'etoit à Sa Majeste' à pezer, fi
l'avantage qu'il efperoit du fuccez de
ce

ce projet pour augmenter le nombre des Accédans à la Pragmatique, devoit s'acheter prezentement par les grandes depenſes que demandent une grande guerre : qu'il ne ſavoit pas même ſi pluzieurs de ſes Aliez ne ſeroient point fâchez de n'avoir point eté conſultez ſur une afaire qui pouvoit faire naître une guerre en Europe, & faire paſſer dans leur eſprit l'Empereur pour Agreſ-ſeur, & par conſequent comme ſeul obligé au dedomajement de la guerre qu'il avoit commencée.

Les amis de Zinzendorf qui etoient du Conſeil, pour calmer le remords de l'Empereur ſur l'iniquité de l'en-treprize, firent beaucoup valoir l'in-terêt de la ſeûreté de l'Europe contre la puiſſance de la Maizon de France, & ſoutînrent que le ſeul moïen d'aqué-rir cete ſeûreté, etoit de faire ſigner la Pragmatique au plus grand nombre de Souverains, & ſurtout au principal des Princes opozans : & à l'egard de la guerre, ils apuyèrent beaucoup ſur l'eſprit pacifique du Roi & du Miniſ-tre de France. De-ſorte-que l'Em-pereur, malgré l'avis du Prince Eu-gène, qu'il voïoit pancher à rejeter le projet, l'adopta, & conclut à traiter avec l'Electeur de Saxe & avec la Czarine, dont le Conseil est gouverné par Osterman , Gentilhomme Allemand dont la famille est protegée par l'Empereur.

Desorte que l'Empereur, le nouvel Electeur de Saxe & la Czarine firent un Traité par lequel ils promîrent d'emploïer *la force & les armes* pour faire elire l'Electeur, & pour empêcher par consequent que le Roi Stanislas, & tout autre, ne fût elu ; ou pour empêcher du-moins s'il etoit elu que son Election n'eût point d'execution & de succez, & pour faire valoir la force à la main l'Election que feroient quelques Polonois rebelles gagnez en faveur de l'Electeur.

Moïenant cete promesse de l'Empereur & de la Czarine, l'Electeur de Saxe prometoit à l'Empereur d'accéder à la garantie de l'execution de la Pragmatique-Sanction, & de renoncer tout de nouveau au droit de ses enfans sur les Etats hereditaires de la Maizon d'Autriche.

Ces trois Souverains s'etoient engagez à emploïer la force, parcequ'ils

fasavoient par leurs Ambassadeurs en Pologne, que s'ils laissoient la Nation dans sa liberté naturelle de se choizir un Roi, elle n'en choiziroit point d'autre que le Roi Stanislas.

On dit que l'Empereur avoit fait dès-auparavant un Traité avec le Roi de Prusse, pour empêcher à main armée l'Election ou l'execution de l'Election du Roi Stanislas : mais que dèsque le Roi de Prusse sçut que c'etoit pour faire elire l'Electeur de Saxe, il declara à l'Envoyé de l'Empereur qu'il se tenoit degagé de son Traité.

Quoiqu'il en soit de ce Traité, & de la relation de ce qui se passa au Conseil de l'Empereur, il est certain que les Polonois, dans la convocation preliminaire pour indiquer la convocation generale d'Election, etant instruits de ces injustes Traitez, firent une conféderation presque generale, dans laquelle ils prêtèrent serment de n'elire aucun Prince Etranger.

Par cete confederation l'Electeur de Saxe devoit être entierement exclus. Ainsi il ne restoit plus à ces trois Aliez que l'esperance de faire une scission, de concert avec quelque Polonois de

leur

leur parti. Il faloit que ces Polonois mecontens & jaloux, qui ne fezoient pas la huitieme partie des Nonces ou Deputez, fiſſent une aparence d'Election, une Election quoique illegitime en faveur de l'Electeur, & même après la legitime Election du Roi Stanislas.

Il faloit pour cet efet avoir en même tems en Pologne près du lieu de l'Election, des Troupes Moſcovites en nombre ſufizant, pour diſſiper les Nonces qui auroient nommé le Roi Stanislas à la premiere Election, & pour favorizer promtement le petit nombre de ceux qui feroient mecontens de cete Election, & leur faire elire l'Electeur. Il faloit pour cela que l'Electeur de Saxe de ſon coté, & l'Empereur du ſien, eûſſent chacun une Armée campée deux mois auparavant fur les frontieres de Pologne du coté d'Occident, tandis que les Armées Moſcovites camperoient fur les frontieres du coté d'Orient. Il faloit que les Moſcovites commenſaſſent à entrer dans le Roïaume dez le mois d'Août, pour être arivez à Varſovie avant l'Election. Il faloit que ce fûſſent des Moſcovites, & non des Alemands,

pour

pour que l'Empereur pût dire *ce n'eſt pas moi.* Or l'Empereur & ſes Aliez ont ſi bien pris leurs mezures, que tout s'eſt paſſé comme ils l'avoient prévu.

L'Election du Roi Stanislas s'eſt faite le 12 Septembre 1733. dans le champ marqué par les Univerſaux. Douze ou quinze Evêques, plus de trente Palatins, plus de cinquante autres Senateurs, le Primat à leur tête, preſque tous les Nonces, & plus de ſoixante-mille Gentilshommes, le Primat à leur tête, crièrent tous *Vive le Roi Stanislas !*

Il eſt vrai que quatre ou cinq Palatins, abandonez par la plupart des Nonces de leurs Palatinats, ne voulant pas aſſiſter à cete Election, ſe tinrent campez de l'autre coté de la Viſtule, & alèrent bientôt ſe joindre aux Moſcovites, dont près de trente-mille etoient déja arivez près de Varſovie : & trois ſemaines après, c'eſt à dire le 5 Octobre, ils firent leur aparence d'Election, leur Election illegitime de l'Electeur de Saxe, le dernier jour des ſix ſemaines marquées dans les Univerſaux pour la durée de la Diète de convocation pour l'Election d'un Roi, c'eſt-

àà-dire le 5 Octobre 1733. Cela se fezoit tandis que l'Empereur de son coté, & l'Electeur du sien, fezoient camper leurs armées sur la frontiere de Pologne, pour aler au secours des Moscovites, s'ils ne se croïoient pas assez forts pour faire, par force & inpunément, ce qu'ils ne pouvoient faire avec honeur & avec justice, en laissant à la Republique son ancienne liberté.

NULLITE' DE CETE ELECTION.

Il i a pluzieurs nullitez dans cete Election, & des nullitez essentielles & evidentes. 1. Il i avoit une premiere Election reguliere proclamée par le Primat même, en qui seul rezidoit le droit de proclamer le Roi, par consequent on ne pouvoit pas en faire une segonde.

2. L'Election de l'Electeur n'a point eté faite dans le camp indiqué par les Universaux de la convocation.

3. De 17 ou 18 Evêques il ne s'y en est trouvé que deux, & d'environ quarante Palatins il n'y en avoit que quatre ou cinq.

4. Le Primat du Roïaume, membre necessaire & entre les mains de qui est

⟩ eſt depozée la plus grande autorité de
la Republique dans l'Interrègne, ne
s'y eſt point trouvé.

5. Loin que les Seigneurs & les
Gentilshommes elizans fûſſent en plus
grand nombre dans cete Election illegitime & poſterieure, que dans la premiere Election, ils n'en etoient pas la
huitieme partie.

6. Ces Elizans etoient tous enviro-
nez de Troupes enemies. Le *liberum
veto* ne pouvoit pas s'y trouver, parceque aucun d'eux n'etoit en liberté de
proteſter contre une Election auſſi irreguliere.

Perſone ne douta dez-lors que cete
horrible violence, faite à une Republique aliée, & à ſon Roi legitime,
Beau-pere du Roi de France, de la part
de l'Empereur & de ſes deux Aliez,
en conſequence de leur injuſte conſpi-
ration, ne cauſât une guerre en Europe, que la France entreprendroit
pour faire reparer l'injuſtice faite par
cete Election ſi irreguliere, qu'on peut
avec fondement l'apeler un vrai brigandage, une vraie entreprize de bri-
gands, qui ne conoiſſent point la ju-

 ſtice,

stice, & qui atandent tout de la force & de la violence.

Auſſi le Roi de France, pour obliger l'Empereur à reparer le domage qu'il a cauzé de concert avec ſes deux Aliez à la Republique de Pologne & au Roi Stanislas, lui a declaré la guerre qu'avoit ſi prudemment prevuë le Prince Eugène : il a declaré en même tems, qu'il vouloit conſerver la paix avec les autres Princes & Etats d'Alemagne, & qu'il n'agrandiroit point ſon Roïaume d'aucune de ſes conquêtes.

Il a fait marcher ſes Troupes vers l'Alemagne, & y a pris le Fort de Kel. Il a fait paſſer d'autres Troupes en Italie dans le Milanez, de concert avec le Roi d'Eſpagne, avec Dom Carlos & avec le Roi de Sardaigne ſes Aliez, qui doivent profiter des conquêtes qui s'i feront. Leurs Troupes ſont déja en poſſeſſion de preſque toutes les villes, & des places fortes de ce Péys-là.

Le Roi Stanislas de ſon coté s'eſt retiré à Dantzik, ville libre qui eſt ſous la protection de Pologne, en atendant que les Troupes Polonoiſes puiſſent être en nombre ſufizant pour de-

fendre

fendre la Liberté de la Nation contre les Moſcovites & les Saxons.

Voilà le fait. Il s'agit prezentement de ſavoir quel parti les autres Souverains, voizins de ceux qui ſont en guerre, doivent prendre dans cete ocazion, par raꝑort à la conſervation de leurs Etats : & ſi pour cet efet ils ne doivent pas, dans cete conjonɥture, s'unir etroitement entre eux, pour ſe rendre Arbitres mediateurs du dedomajement que doivent l'Empereur & ſes Aliez à la France & à ſes Aliez, & propozer & accepter des articles de Paix.

Observations Preliminaires.

Il i a, dans cete afaire, un Article preliminaire eſſentiel à examiner. C'eſt de ſavoir ſi l'Empereur, les Moſcovites & les Saxons ne ſont pas les agreſſeurs, & n'ont pas fait une injuſtice très-evidente & très-inportante à la Republique de Pologne, & conſequemment au Roi Stanislas, en fezant entrer leurs Troupes dans le Roïaume, dans le tems & même après la premiere Elecɥion, pour favorizer une troupe de Rebelles, qui pour de-

V 5

truire

truire cete premiere Election en vou-
loient faire une ſegonde.

Pour decider cete queſtion avec
plus d'evidence, il faut faire atention
à deux poincts principaux.

Le premier eſt de décider quel Parti
doit être regardé comme *Republique
de Pologne*, lorsqu'il i a divizion parmi les membres qui la compozent, &
par conſequent quel Parti doit être regardé comme rebelle à la Patrie.

Le ſegond poinct c'eſt de ſavoir, ſi
l'Empereur, l'Electeur de Saxe &
l'Imperatrice de Ruſſie, n'ont pas agi
evidemment contre le Droit Publiq &
contre l'Equité Naturelle, en conſpirant tant par leur Traité que par
l'entrée d'une Armée dans le milieu
du Roïaume, pour ôter à la Republique de Pologne la liberté de ſe choizir
ſon Premier Magiſtrat ou ſon Roi.

Principe de Decizion du Premier Poinct.

Il eſt evident que dans une Republique où il n'y a pas une cinquieme
ni même une huitieme partie des
Grans & des Deputez du Peuple qui
ſoient d'un avis, tandis que les quatre
cinquiemes, & même les ſept parts de
huit

huit ou les sept huitiemes sont d'un avis contraire, & le Primat ou le Regent & le Prezident de la Republique a la tête, cete cinquieme ou cete huitieme partie sans Primat, sans Prezident, sans Regent, ne doit jamais être regardée, ni comme la Republique, ni comme reprezentant la Republique; & que si cete cinquieme, ou cete huitieme partie prend les armes, ou s'apuye des armes etrangères, elle doit être regardée comme rebelle & enemie de sa Patrie : au lieu que les quatre cinquiemes, & à plus forte raizon les sept huitiemes, le Primat ou Regent de la Republique à leur tête, doivent être regardées come fezant le Corps de la Republique.

La verité de ce Principe se démontre par sa propre evidence. Car enfin qui est-ce qui s'avizeroit d'aler chercher la Republique de Pologne au milieu de l'armée des Moscovites, ses enemis de tous les tems? Nous pouvons en faire juge l'Empereur luimême, car il ne faut que la moindre etincelle d'equité pour faire le discernement des Rebelles.

Con-

CONSEQUENCE I.

De-là il fuit que les fept huitiemes des Polonois reprezentent viziblement, & font réelement la Republique de Pologne.

CONSEQUENCE II.

De-là il fuit que l'Election faite par les fept huitiemes, le Primat ou Regent de la Republique à leur tête, eft la feule vraie, la feule legitime, la feule qui doit être regardée comme l'Election de la Republique.

CONSEQUENCE III.

De-là il fuit que l'Election faite par la cinquieme partie, & à plus forte raizon par la feptieme, n'etant pas l'Election de la Republique, n'a qu'une vaine aparence d'Election ; & que c'eft une Election illegitime, entierement nulle, & un pur brigandage ; & que les Polonois qui ont confpiré à faire cete feconde Election pour faire une sciffion, doivent être regardez comme des rebelles à leur Patrie.

Con-

CONSEQUENCE IV.

De-là il ſuit que l'Electeur qui n'a de droit à la Couronne que par les ſufrages de ces Rebelles, n'en a aucun; & qu'ainſi il ne peut paſſer non plus que l'Empereur & l'Imperatrice de Ruſſie, que pour Opreſſeur de la Republique.

Segonde Queſtion Préliminaire.

L'Empereur & ſes Aliez n'ont-ils pas agi contre la premiere regle de l'Equité Naturelle, tant par leur Traité, que par l'entrée de leurs Troupes en Pologne?

Principe de Décizon du Segond Poinct.

Que l'on nous dize quel eſt le premier principe de l'Equité Naturelle: n'eſt-ce pas celui cy?

Ne faites point contre un autre ce que vous ne voudriez point qu'il fit contre vous, s'il etoit à votre place & le plus puiſſant.

N'eſt-ce pas là le fondement du Droit des Gens & du Droit Publiq? Et par conſequent n'eſt-ce pas une injuſtice evidente & criante, que vous
Em-

Empereur, que vous Electeur de Saxe, que vous Imperatrice de Ruſſie, avez faite en conſpirant, tant par un Traité honteux & par conſequent ſecret, que par l'entrée de vos Troupes, pour ôter, les armes à la main & par violence, à la Republique de Pologne la liberté de choizir ſon Premier Magiſtrat? Puisque vous Empereur, vous Electeur, vous Imperatrice, ne voudriez pas que la Pologne, unie avec pluzieurs Souverains plus puiſſans que vous, vous contraignît les armes à la main à choizir un tel contre votre goût pour Premier Miniſtre, où à n'en pas choizir un autre quï eſt ſelon votre goût, *ſous pretexte qu'il en eſt indigne.*

Voudriez-vous, s'il y avoit des Rebelles dans votre Etat pour vous contraindre ſur votre choix, que votre Voizin plus puiſſant vînt en armes dans vos terres pour les ſoutenir?

Or ce que vous ne voudriez pas que les autres fîſſent contre vous, ne l'avez-vous pas fait contre les autres, contre la Republique de Pologne, contre le Roi Stanislas, & contre tous leurs Aliez? Ne devez-vous pas reparer les maux que vous avez cauzez, comme vous

vous voudriez que les Souverains qui
vous en auroient cauzé injuſtement
vous en dédomageâſſent?

A l'egard du pretexte d'indignité
fondé ſur le Decret de la Republique
contre le Roi Stanislas, il eſt entierement frivole. Car enfin la même Republique n'a-t-elle pas la même auto-
torité pour edifier, qu'elle avoit pour
detruire? Et à qui eſt-ce à juger qu'à
elle ſeule, de celui qui lui convient le
mieux pour ſon Premier Miniſtre,
pour ſon Roi?

Ainſi la verité de ce Principe d'equité de Droit Publiq ne peut jamais être
conteſtée, & l'Empereur lui-même eſt
trop equitable pour n'en pas convenir.
Il n'eſt donq plus queſtion que de juger des conſequences.

CONSEQUENCE I.

De-là il ſuit que le Traité entre
l'Empereur, l'Imperatrice de Ruſſie
& l'Electeur de Saxe, pour contraindre la Republique de Pologne par les
armes, & pour lui ôter ſa liberté dans
l'Election de ſon Roi, eſt evidemment
très-injuſte; & que l'entrée des Troupes de ces Aliez dans ce Roïaume, eſt

de

de même contre la premiere regle de l'Equité Naturelle, & par consequent evidemment très-injuste.

CONSEQUENCE II.

De-là il suit que la Guerre entre-prize par le Roi de France & ses Aliez contre l'Empereur & ses Aliez, pour faire reparer les torts faits à la Republique & au Roi Stanislas, est très-juste; & que le refus de faire cesser cete opression, & de reparer ces torts, est très-injuste.

OBSERVATIONS.

Sur le Parti que doivent prendre les Anglois, les Holandois, les Danois, les Suedois, les Princes d'Alemagne, & les autres Princes d'Europe, dans ces conjonctures pour leur seûreté.

PREMIERE OBSERVATION.

Il est de l'intérêt, & du plus grand intérêt des Souverains de l'Europe, & surtout des moins puissans, de prendre des mezures eficaces & seûres pour conserver entre eux une Paix Perpetuèle, & pour garantir mutuèlement

leurs

leurs Etats contre l'ambition des plus puissans injustes.

ECLAIRCISSEMENT.

1. Quel plus grand intérêt peuvent-ils avoir, que la conservation de leurs Etats ?

2. Aucun d'eux peut-il jamais resister au plus puissant injuste, s'il ne demeure uni avec tous les autres, & par consequent s'ils ne conservent entre eux tous une Paix Perpetuelle ?

. Or peuvent-ils jamais conserver une Paix Perpetuèle entre eux, s'ils n'ont un moïen seûr de terminer leurs diferens sans Guerre ?

3. N'est-il pas evident que les forces de deux Souverains ocupez l'un contre l'autre, sont nulles à l'egard d'un troisieme plus puissant ? Il n'y a donq que leur union etroite & perpetuelle, dont ils puissent atendre leur conservation perpetuelle.

SEGONDE OBSERVATION.

Il n'i a aucun moïen seûr & eficace pour rendre cete union perpetuelle, que de signer entre eux, & ceux qui y accéderont, les cinq articles fonda-

 men-

mentaux de la Diète Europaine, qui
terminera toujours sans guerre les diferens des Princes & des Republiques
d'Europe : comme la Diète Germanique, quoique imparfaite, termine depuis plus de six - cens ans sans guerre
les diferens des Princes & des Republiques d'Alemagne.

ECLAIRCISSEMENT.

Les Souverainctez moins puissantes
d'Europe ont - elles jusqu'ici imaginé
d'autres moïens pour leur conservation, que les Aliances partiales, & le
Siftême d'Equilibre de Puissance entre
le Roi de France & l'Empereur ?

Mais 1. hors l'Aliance Germanique,
l'Aliance des Sept Provinces des Peys-
Bas, & celle des Treize Cantons Suisses,
aucune Aliance defensive a-t-elle eté
durable ?

2. L'Aliance Germanique defensive
a deux articles essentiels, que n'ont
pas l'Aliance des Suisses ni l'Aliance
des Holandois.

Premierement, le Souverain Alemand qui refuse d'obéir au jugement
de la Diète, est mis au Ban de l'Empire Germanique.

Segon-

Segondement, fur les diferens qui peuvent naitre entre deux des Sept Provinces, ou entre deux des Treize Cantons, ils n'ont encore aucun Arbitrage permanent qui ait droit de terminer ces diferens par jugement fans guerre.

En troifieme lieu, s'il i a eu quelques guerres entre les Princes de l'Empire, ç'a eté ou pour arêter les ufurpations d'un Empereur trop puiffant, ou parcequ'un Prince Etranger apuyoit un Prince de l'Empire. Mais dans la Diète Europaine, il n'y aura ni Empereur à craindre, ni fecours etranger fufizant à efperer pour le Membre qui voudroit s'en feparer, puifque tous feront de la même Aliance. Ainfi il auroit toujours à craindre le Ban de l'Empire Europain.

A l'egard de la feûreté qui naift du Siftême de l'Equilibre des deux grandes Puiffances : 1. cete feûreté fupoze qu'il ne peut jamais ariver aucune conjoncture où ces deux grandes Puiffances agiffent de concert. Car en ce cas adieu le Siftême de l'Equilibre pour la confervation. Donq ce Siftême n'eft pas infaillible. Au lieu que le Siftême

 de

de la Diète Europaine n'a point à craindre de concert entre les deux plus grandes Puiſſances, parceque les autres Princes de la Diète unis, ſeroient encore trois fois plus forts que ces deux Princes puiſſans : & l'on peut meme dans la Diète ſtipuler que les deux Puiſſances ne pouront jamais etre unies ſur une ſeule tête, comme on l'a ſtipulé à Utrecht à l'egard de la France & de l'Eſpagne.

2. Ce Siſtéme ne garantit point des guerres & de leur grande depenſe, l'expérience le montre. Au lieu que c'eſt une prérogative de la Diète Europaine, elle previent les Guerres, parcequ'il i a un Arbitrage permanent entre les Souverains, une Diète permanente Europaine.

Donq le Siſtême de la Diète Europaine eſt auſſi facile à executer, moins couteux, & incomparablement plus ſeûr pour la conſervation, que le Siſtême de l'Equilibre & des Aliances partiales. Tout ceci eſt encore prouvé ailleurs beaucoup plus au long, & beaucoup plus ſolidement, avec l'eclairciſſement à toutes les Objeʗions.

3.

3. Il eſt evident que tous les engagemens pris par les Traitez precedens,
aïant pour but la conſervation reciproque des Etats des Souverains Aliez,
nul article d'aucun Traité ne peut &
ne doit etre opozé prezentement à ce
but, ni par conſequent au choix d'un
Siſtême qui opère beaucoup plus feû-
rement, & avec moins de frais, une
feûreté incomparablement plus grande pour la conſervation perpétuelle &
mutuelle des Etats des Aliez : *ſalus
Reipublicæ ſuprema lex.* Aucun Alié
pouroit-il jamais ſe plaindre avec fondement, de ce qu'on lui done une feûreté plus grande, que celle qu'il avoit
pour la conſervation ?

TROISIEME OBSERVATION.

Il eſt de l'intérêt des Princes Mediateurs, & de leur plus grand intérêt
de faire prontement finir la guerre,
de peur qu'un des deux Partis ne ſe
fortifie trop aux dépens de l'autre.

ECLAIRCISSEMENT.

Le Prince très-ſuperieur en force
veut ordinairement etre ſeul juge dans
ſa propre cauze, ce qui eſt très-injuſte,

 &

& ce qu'il trouveroit lui - meme très-injuſte, s'il avoit un diferent avec un beaucoup plus puiſſant que lui. Il faut donq, pour l'empêcher d'etre injuſte, ſe hâter de l'empêcher de devenir trop puiſſant par ſes conquêtes.

QUATRIEME OBSERVATION.

La premiere propoſition des Arbitres pour areter les conquêtes, c'eſt de demander aux Parties, 1. une ſuſpenſion, une trêve d'hoſtilitez.

2. De déclarer que comme l'opreſſion de la Liberté de la Republique de Pologne eſt evidemment injuſte, qu'il leur paroit juſte que le Roi Stanislas en ſoit reconu Roi, & que les Troupes etrangeres en ſortent dans un tems qui ſera preſcrit.

3. De déclarer qu'à l'egard du dédomagement que doivent les Souverains Invazeurs, les Souverains Arbitres le regleront en tel lieu, dans tel tems pour la provizion, & trois ans après pour la définitive.

4. Qu'ils feront garans de l'execution de leur jugement, en ſe déclarant pour celui qui l'acceptera, & qui accedera au Traité d'etabliſſement de la Diete

Diete Europaine , pour regler fans guerre les diferens futurs entre Souverains.

ECLAIRCISSEMENT.

1. L'injuftice de l'Invazion eft fi evidente , fi notoire au Publiq, & fi criante, que les Arbitres n'ont pas à la juger, mais feulement à regler les dedomagemens des Invazeurs fur les Memoires des Parties.

2. En demandant que les Troupes des Invazeurs fortent de Pologne, ils ne demandent que l'execution d'une Maxime de Droit fondée fur l'Equité Naturelle ; que celui qui a eté depouillé, foit avant toute chofe retabli dans fes droits, *fpoliatus ante omnia reftituendus.*

3. Peut-on compter que les Souverains d'Europe demeurent lontems fans reprendre les armes pour terminer leurs diferens, fi la Diete Europaine n'eft etablie pour les terminer fans guerre ? Et les Princes Arbitres peuvent-ils jamais trouver une ocazion plus favorable pour l'etablir, que la conjonĉture prezente, tandis-qu'ils peuvent faire pancher la balance contre ceux qui

refuzeront cet etabliſſement ? Et ſans cet etabliſſement, que deviendront les travaux & les depenſes des Princes Mediateurs ? Ne dira-t-on pas dans trois ou quatre ans, qu'ils ont travaillé en-vain, & qu'ils n'ont pas fait une vraie Paix, mais ſeulement une Trêve, & que ce ſera toujours à recomencer.

4. Si les Princes Mediateurs, pour faire mieux ecouter leurs propozitions juſtes & raizonables, font une grande dépenſe dans leurs armemens, n'en feront-ils pas avantajeuzement recompenſez par les grans biens que leur procurera l'etabliſſement de la Diete Europaine ?

5. Si l'Empereur ne veut pas accepter cet etabliſſement, ne prouvera-t-il pas alors invinciblement par ce refus, qu'il merite lui-meme d'etre acuzé des mauvaizes intentions qu'il atribuoit à la France ; & ſera dezormais regardé, non comme Pacificateur, mais comme Enemi de la Tranquilité de l'Europe ?

OBJECTION.

On a dit pour excuzer l'Empereur ſur l'invazion des Moſcovites, qu'il n'a

pas

pas fait entrer ſes troupes en Pologne,
qu'il n'a fait que les aſſembler, & les
faire camper ſur les frontieres de cete
Republique.

R E P O N S E.

N'eſt-il pas vrai qu'il a fait un Traité avec les Moſcovites, pour faire
elire l'Electeur de Saxe ? N'eſt-il pas
vrai qu'il avoit un intérêt particulier
à ôter à la Republique ſa liberté d'elire, & que c'etoit en vuë de faire accéder l'Electeur à ſa Pragmatique ſi
chérie ? N'eſt-il pas vrai que les Troupes Moſcovites arivées devant Varſovie, ont eu le crédit de faire faire une
ſegonde Election en faveur de l'Electeur ſon Neveu, en conſideration de
ſon acceſſion à la Pragmatique, malgré l'opozition du feu Electeur ſon
Pere ? N'eſt-il pas vrai que la liberté
de la Republique a eté violée par ces
trois Aliez ? Ainſi n'eſt-il pas vrai
qu'ils doivent repondre *ſolidairement*
du grand domage cauzé à la Republique & au Roi de Pologne, & péyer
les dépenſes faites pour obtenir cete
reparation ?

X 5

Trois

Trois Voleurs convienent de voler un Marchand, deux le volent, il ataque en juſtice le troiſieme qui n'etoit pas prezent au vol, & qui ſe defend ſous ce pretexte : mais ſa convention paroit, & il etoit au bord du bois, tandis que le vol s'eſt fait. Que doivent faire les Juges ? Que doit penſer le Publiq ?

Qu'y a-t-il d'odieux & de digne de punition, dans l'action de ces trois Voleurs ? N'eſt-ce pas d'ôter à quelqu'un par violence ce qui lui apartient ? Dira-t-on que la liberté d'elire n'apartient pas à la Republique ? Dira-t-on que c'eſt pour augmenter ſa liberté, que les Moſcovites entrent en armes dans le cœur du Roïaume, ſoutenus par leurs Aliez campez ſur la frontiere ? Et à prendre la choze dans le ſimple vrai, n'eſt-ce pas l'Empereur qui eſt ſi vivement intereſſé à faire ſigner ſa Pragmatique par l'Electeur ? N'eſt-ce pas l'Empereur qui le premier a ſolicité ce Traité de Brigans ? Car qu'eſt-ce que des Brigans ? ſinon des hommes qui veulent arracher par force ce qu'ils dezeſpèrent d'avoir par juſtice ? L'Entrée des Armées Moſcovites

vites en Pologne, cete fegonde Election, cete Sciffion, l'Opreffion de la
Republique, ne font-ce pas les efets
naturels de ce malhûreux Traité ? Et
ces trois Puiffances ne doivent-elles
pas être condanées folidairement à la
reparation des domages & des dépenfes de la Guerre, auffi bien que ces
trois Voleurs, puisqu'ils font tous egalement coupables ?

*Articles Fondamentaux de la Diète
Europaine.*

I.

1. Il i aura dezormais entre les Souverains d'Europe qui auront figné les
Articles fuivans, une Aliance generale
& perpetuèle pour former le Corps
Europain.

2. Pour avoir feûreté parfaite &
perpetuèle contre toutes Guerres civiles & etrangeres.

3. Pour avoir feûreté parfaite & perpetuèle de leur confervation perfonel-
le, & de la confervation de leur pof-
terité fur le Trône.

4. Pour avoir feûreté parfaite &
perpetuèle de la confervation de leurs
Etats,

Etats, & de leurs Droits en l'etat qu'ils les possedent actuelement, en suivant les derniers Traitez.

5. Pour avoir une grande diminution de leur grande dépense militaire.

6. Pour avoir toujours la meme liberté de leur Comerce.

7. Pour avoir toujours seûreté parfaite de l'execution entiere & perpetuele de leurs promesses reciproques, tant passées que futures.

8. Et pour avoir seûreté entiere, que leurs diferens prezens & futurs seront toujours terminez sans guerre.

II.

Les Membres du Corps Europain, pour terminer entre eux leurs diferens prezens & avenir, ont renoncé & renoncent pour eux & leurs successeurs à la voie funeste & ruineuze des Armes, & sont convenus de prendre toujours la voie de Conciliation dans la Diete Europaine, par la mediation de quelques Plénipotentiaires des Membres du Corps Europain : & en cas que cette mediation ne sufize pas, ils sont convenus de s'en raporter au jugement des autres Membres, represen-

tez

tez à la Diete Europaine par leurs Plénipotentiaires, à la pluralité des voix
pour la provizion, & aux trois quarts
des voix pour le jugement définitif;
qui ne s'i fera que cinq ans après le
jugement provizoire.

III.

Les dix-neuf plus puiſſans Souverains de l'Europe feront invitez à
figner ces cinq Articles fondamentaux,
pour la formation du Corps Europain.
Savoir 1. l'Empereur. 2. Le Roi de
France. 3. Le Roi d'Eſpagne. 4. Le
Roi de Portugal. 5. Le Roi d'Angleterre. 6. La Republique d'Holande.
7. Le Roi de Danemarq. 8. Le Roi
de Suede. 9. Le Roi de Pologne.
10. La Czarine. 11. L'Electeur de
Saxe. 12. Le Roi de Pruſſe. 13. L'E-
lecteur de Baviere. 14. L'Electeur
Palatin. 15. Les Suiſſes. 16. Le Duc
de Lorraine. 17. La Republique de
Venize. 18. Le Grand Duc de Toſ-
cane. Et 19. le Roi de Sardaigne. Ils
auront tous chacun une voix, & con-
tribuëront chacun felon leurs revenus
& leurs charges aux dépenſes comunes
pour la ſubſiſtance des troupes de
l'Aliance

l'Aliance generale fur les frontieres : & cete contribution fera reglée au Congrez, à la pluralité des voix pour la provizion, & cinq ans après aux trois quarts des voix pour la définitive.

I V.

Si quelqu'un des Membres refuzoit d'executer le jugement de la Grande Aliance, s'il fezoit des préparatifs de guerre, s'il tentoit de faire des negociations pour divizer les Aliez, la Grande Aliance le regardera comme perturbateur du repos de l'Europe, & agira contre lui ofenfivement, jufqu'à ce qu'il ait executé le jugement, & doné feûreté de reparer le tort qu'il aura cauzé, & de rembourfer les frais de la guerre à fes Aliez.

V.

Les Membres du Corps Europain font convenus que leurs Plénipotentiaires, à la pluralité des voix pour la provizion, & cinq ans après aux trois quarts des voix pour la definitive, regleront, dans la Diete Europaine, tous les articles qu'ils jugeront inportans pour procurer au Corps Politique, & à chacun des Membres, plus de feûreté

fur

fur les accidens futurs, plus de foli-
dité, & tous les autres avantages pof-
fibles. Mais l'on ne pourra jamais
rien changer à ces cinq Articles fondamentaux, fans le confentement un-
anime de tous les Membres.

AVERTISSEMENT.

J'ai pris ocazion de cete Guerre 1.
pour montrer que le Siftême de l'E-
quilibre, qui vaut encore mieux que
rien pour la confervation des Etats,
n'opere point une confervation entierement feûre, qu'il ne garantit point
des guerres, qu'il eft par confequent
très-couteux, puisqu'il demande que
les Etats les plus pacifiques foient toujours fufizament armez : au lieu que
le Siftême de la Diete Europaine n'a
point ces inconveniens , coute très-
peu, & done aux Etats une feûreté
de leur confervation incomparablement
plus grande.

2. Pour montrer que les Princes
moins puiffans pouroient, avant fept
ou huit ans, fe fervir de ce Siftême de
la Diete Europaine , pour empêcher
la guerre entre les deux plus grandes
Puiffances, & pour l'eteindre fi elle

etoit

etoit alumée ; en ſe declarant pour celle qui accepteroit leur Arbitrage, qui conſentiroit par provizion à la Suſpenſion d'armes, & au Deſarmement reciproque de la moitié des troupes.

3. J'ai pris cete ocazion pour montrer que ſi la Diete Europaine eût eté etablie en Europe, les Moſcovites ni les Saxons n'auroient point dézolé la Pologne à l'occazion de l'Election du Roi, & que cete Guerre ne ſe feroit point alumée.

4. Pour montrer que c'eſt aux Etats moins puiſſans, comme plus intéreſſez, à commencer à ſigner les cinq articles fondamentaux de cete Diete comme Ligue purement defenſive, & à eux à ſoliciter les plus puiſſans d'y accéder, pour eviter la premiere guerre prochaine, & pour terminer ſans guerre leurs diferens futurs.

5. Pour montrer que pour rendre leur ſolicitation plus preſſante, ils doivent, durant la paix & dez à prezent, former l'ebauche de cete Diete dans un lieu de Congrez ; & armer puiſſament pour faire accepter volontiers leur Arbitrage par les plus puiſſans, qui aimeront encore mieux obtenir
quel-

quelque choze par la voye de l'Arbitrage, que de risquer à perdre tout par une Ligue trop puissante, en voulant choizir la voie de la Guerre.

6. Pour montrer que jusqu'ici les Traitez de Paix entre Souverains ne sauroient etre durables, puisque jusqu'ici ils n'ont point de voie pour terminer leurs diferens toujours renaissans, que la voie de la Guerre; voie qui coute plus, que ne vaut le sujet de la contestation; voie où l'on risque tout pour peu; voie où les Voizins spectateurs qui n'ont pas voulu se faire juges, sont forcez souvent de prendre le parti du plus foible, & de devenir parties.

7. J'ai montré ailleurs les grans avantages que les plus puissans tireroient de ce Sistême pour leur postérité.

8. On peut ajouter trois voix aux 19 autres : savoir une voix pour le Pape comme Prince Temporel, joint avec Modène & Gènes ; une voix pour les Princes & Comtes d'Alemagne non Electeurs ; & une troisieme voix pour les Villes Libres d'Alemagne, qui payroient autant pour leur contingent que la Holande & les autres Souverainetez qui ont une voix complète.

PROJET

POUR

PARVENIR A LA PAIX.

Février 1734.

SUPOZITION I.

JE fupoze au moins trois ou quatre Puiffances aliées qui aïent intérêt que l'Empereur continuë à etre affez puiffant pour contrebalancer avec fes Aliez la puiffance de la France, & par conféquent pour borner les conquêtes de la France & de fes Aliez au Milanez, & que ces Puiffances s'uniffent pour etre Mediatrices de la Paix entre l'Empereur & la France, à condition de déclarer la guerre à celui qui n'acceptera pas fes Propozitions de Paix.

ECLAIRCISSEMENT.

Cete convention eft dans les intérêts de l'Angleterre & des autres Puiffances Mediatrices. 1. Leur intérêt eft
quant

quant à prezent, d'empêcher la grande diminution des forces de leurs Protecteurs, qui font tantôt l'Empereur contre la France, tantôt la France contre l'Empereur. 2. Leur intérêt est de conferver leur Comerce avec l'Efpagne & avec la France. 3. Leur intérêt est d'epargner prontement les dépenfes de la Guerre, & les dépenfes de la Mediation : car il faut être armé pour faire accepter, par la crainte & par fuperiorité de forces, aux Parties des propozitions equitables.

Je dis par la crainte & par la fuperiorité de forces : car les Parties aveuglées par l'intérêt & par la colère, ne font pas en etat de reconoître l'equité, & d'y deferer.

SUPOZITION II.

Je fupoze que l'Angleterre dize à l'Empereur, nous vous avons promis garantie de vos Etats, & furtout de ceux d'Italie, en obtenant de vous qu'il y entrât fix-mille Efpagnols.

Mais nous avons fupozé que laiffant les Etats d'Europe en paizible poffeffion de leurs Souverainetez, vous ne

feriez

feriez l'Agreffeur d'aucun. Or fi vous etiez demeuré fans vouloir ôter injuf-tement à la Pologne, de concert avec avec la Ruffie & la Saxe, la liberté d'élire fon Roi, & fi vous n'étiez pas en cela l'Agreffeur de la France & de fes Aliez, nous ferions encore dans l'obligation de vous faire reftituër le Milanez qui vous a eté enlevé.

Mais très-inprudemment, fans nous confulter nous qui fomes les garans de vos Etats, vous ètes devenus l'agreffeur injufte d'une Republique & de fes Aliez, & vous-vous ètes ainfi atiré une guerre entreprize par la France & par fes Aliez avec juftice, pour remetre la Pologne au même etat qu'elle etoit à la mort du feu Roi Augufte.

Cete Guerre vous a fait perdre le Milanez, que vos Enemis gardent avec raizon, pour fe dédomager des frais de la guerre que vous-vous ètes atirée de leur part, par votre injufte Traité avec les Ruffes & les Saxons vos Aliez, & par leur invazion.

Mais fi vous voulez nous aider à remetre la Pologne en liberté, & à en faire retirer les troupes etrangères, nous-nous engageons d'empêcher l'Efpagne

pagne & ſes Aliez, de faire aucunes autres conquêtes dans vos autres Etats en Italie & ailleurs, & de vous les faire reſtituër, ſi vous veniez à en perdre la moindre partie au-delà du Milanez. Nous prometons même de déclarer pour cet efet la guerre à la France & à ſes Aliez, s'ils refuzent la Paix.

Eclaircissement.

Il eſt certain que c'eſt une grande faute au Conſeil de Vienne, d'avoir pris un ſi funeſte & ſi injuſte engagement contre la liberté de la Republique de Pologne, & de s'être ainſi atiré une guerre fâcheuze avec la France : & que ces Puiſſances Mediatrices, qui etoient egalement aliées de l'Empereur & de la France, ont raizon de ſe plaindre du miſtère que l'Empereur leur a fait d'un deſſein ſi inprudent, ſi injuſte & ſi offenſant, particulierement pour la France.

Il eſt certain qu'il vaut mieux pour l'Empereur qu'il ne perde que le Milanez, & qu'il aide aux Mediateurs à faire ſortir les troupes etrangeres de la Pologne, que de hazarder de perdre encore le reſte de l'Italie, & d'avoir

 dans

dans un an à craindre une guerre avec le Turc, qui s'eſt déja declaré en faveur de la Pologne.

Il eſt neceſſaire que ces Puiſſances Mediatrices ſignifient aux Ruſſes & aux Saxons, que pour rendre le calme à l'Europe, ils ſont obligez d'aider à l'Empereur & au Roi Stanislas à les contraindre à abandoner leur injuſte invazion.

Il eſt evident que le Droit des Gens eſt fondé ſur la premiere regle d'Equité : *Ne faites point contre votre Voizin ce que vous ne voudriez qu'il fit contre vous, s'il étoit le plus puiſſant.* Or l'Empereur, la Czarine, l'Electeur de Saxe, voudroient-ils qu'un Voizin plus puiſſant entrât en armes chez eux, pour les empêcher de ſe choizir un Miniſtre General à leur gré ? Or ici la France & ſes Aliez arment *pour faire obſerver le Droit des Gens,* & pourvû qu'ils ſe tiennent pour leur dédomagement, il eſt de l'honeur & du devoir des Mediateurs de conſpirer à cete obſervation.

Supo-

Supozition III.

Je supoze que ces Puiſſances Mediatrices declarent la même choze à la France, & qu'elles ſe metront du coté de celui qui acceptera leur propozition.

Je dis que cete Mediation ſera acceptée de la France, qui n'a armé que pour faire rendre juſtice à la Pologne ; & que l'Eſpagne & la Sardaigne ſes Aliez ſeront par conſequent forcez de l'accepter, & de ſe contenter de partager le Milanez à proportion de leur dépenſe.

Eclaircissement.

1. Il eſt certain que la France ſera contente d'avoir obtenu la liberté & la delivrance de la Pologne, & juſtice entiere pour le Roi Stanislas ; puisqu'elle n'avoit que ce but, dans la guerre qu'elle a entreprize.

2. Il eſt certain qu'ayant declaré qu'elle ne veut profiter en rien de ſon armement, il eſt extrêmement de ſon intérêt de faire ceſſer une guerre qui lui eſt ſi onereuze.

3. Il eſt certain qu'elle pourra avec honeur dire à ſes Aliez, j'ai plus fait de dépenſes que vous, & vous ſeuls en profitez : je ne veux pas engager mes ſujets à une plus longue guerre, mais je demeure garant de la conſervation de vos Etats.

4. On voit que c'eſt la force des Puiſſances Mediatrices qui forcera ainſi l'Empereur & la France, & par conſequent leurs Aliez reſpectifs, d'accepter la Paix à ces conditions, qui paroitront très-équitables aux perſones desintereſſées.

5. De-là il ſuit qu'il faut que les Mediateurs ſignifient la même choze aux Ruſſes & aux Saxons.

6. De-là il ſuit que les Flotes des Mediateurs doivent entrer dans la Baltique avec des Galiotes à bombes & quelques Troupes de débarquement, pour menacer les Ports de Ruſſie.

7. De-là il ſuit qu'il feroit à ſouhaiter que les Suedois & les Pruſſiens fûſſent du nombre des Mediateurs, pour menacer d'entrer les uns en Ruſſie, les autres en Saxe.

8. De-là il ſuit que ces Mediateurs devroient vizer à trouver les moyens

de

de n'avoir plus dorsenavant des Me-
diations si couteuzes, & par consequent à procurer l'etablissement de la
Diète Europaine.

9. De-là il suit qu'il faut obtenir de
l'Empereur & de ses Aliez, de la France & de ses Aliez, un Lieu de congrez,
une Suspension d'armes, ou une Trêve
pour signer ces conditions.

10. De-là il suit que si les Puissan-
ces Mediatrices ne font pas ces propozitions equitables, & qu'au-lieu d'entrer dans la Baltique elles font entrer
leurs flotes dans la Mediterranée, elles
courent risque de perdre leur Comerce avec l'Espagne & avec la France,
de faire durer la Guerre, & de tripler
leur Dépanse.

FIN DU TOME VIII.

TABLE

TABLE

DES MATIERES

DU TOME VIII

DES

OUVRAJES POLITIQUES.

SUR LE MINISTERE DES FINANCES.

OBSERVATION I. Nécessité des Subsides. - - pag. 1

OBSERVATION II. Revenus du Roi de France, Anée 1730. - 7

Remarque. - - 10

OBSERVATION III. Dépense ordinaire, Anée comune. 11

Persone et Service du Roi, y compris les Pensions des Princes. 12

Ordinaire & Extraordinaire des Guerres & Marine. 16

Rentes, Gajes et Charjes. 18

Remarque. - - 19

Pensions perpetuèles & Apointemens. 20

OBSERVATION IV. Efets du Discrédit & du Crédit Publiq. 24

OBSERVATION V. Moïens dont la Nation Angloize s'est servie pour conserver son crédit. 26

OBSERVATION VI. Causes de la Diminution du Crédit de l'Etat, & Remèdes. = = 27

O B-

TABLE DES MATIERES.

OBSERVATION VII. Sur la nature des revenus des Fermes du Roi. pag. 29

OBSERVATION VIII. Département des Quatre Intendans des Finances. 37

Prémier Département du Ministère des Finances en France. - 40

Direction des Fermes Generales. ibid.

Segond Département du Ministère des Finances. - - 42

Troisieme Département du Ministère des Finances. - - ibid.

Quatrième Département du Ministère des Finances. - - 43

OBSERVATION IX. Bureaux consultatifs de chaque Intendant des Finances. - - - 45

OBSERVATION X. Une Paix perpetuèle & inalterable doubleroit les revenus domestiques du Roy. - 47

OBSERVATION XI. Regularité du payment des Charges Anuèles. . 48

OBSERVATION XII. Pensions. 49

OBSERVATION XIII. Il n'i a que deux raisons pour augmenter les Subsides. - - - 50

OBSERVATION XIV. Le Subside ordinaire doit être plus fort d'un sixième, que la Dépense ordinaire. - 51

OBSERVATION XV. Trois excès dans les Subsides. - - 52

OBSERVATION XVI. Proportion dans la repartition du Subside. - 54

OBSERVATION XVII. Diminuër le nombre & la qualité des Subsides Particuliers ; en augmentant la quantité des Subsides Generaux. - 56

OBSERVATION XVIII. Fixer les Pensions dans chaque Ministère. - 58

O

TABLE des MATIERES.

Observation XIX. Adition a l'Ouvrage sur l'Academie Politique &c. pag. 59

Observation XX. Membres de l'Academie Politique. - - 63

Observation XXI. Sur les Arrêts du Conseil de 1716. & 1724. pour les Comptables. - - 64

Observation XXII. Compagnies poursuivantes contre les Comptables. 66

Observation XXIII. Pour perfectioner la Capitation par la métode des Déclarations. - - 68

Proposition. La Capitation doit être proportionée au Revenu du Capitable. 71

Inconvenient dans la Repartition Arbitraire. - - - 78

Moïens pour garantir les Capitables de la Disproportion. - - 82

Les cinq Repartiteurs seront du nombre des Déclarans. - - 95

Capitation des Non-Nobles. - 96

Observation XXIV. Sur la Défense de faire des Plantations nouvelles en Vignes. - - 101

Remarque I. - - ibid.

Remarque 2, 3 & 4. - 103

Remarque 5. - 104

Premier Motif de l'Arrêt, ou Objection I. & Réponse. - 106

Objection 2. & Réponse. - 107

Objection 3. & Réponse. - 109

Objection 4. - ibid.

Réponse. - 110

Objection 5. & Réponse. - ibid.

Objection 6. & Réponse. - 111

Concluzion. - 113

TABLE des MATIERES.

MINISTERE DES AFAI-RES AVEC LES ETRANGERS.

Preface. - - pag. 114
Observation I. Sur les Négocia-teurs. - - 117
Observation II. La Seûreté & le Salut de l'Etat eſt la Premiere Loi. 121
Observation III. Otages du Prince vaincu. - - - 128
Observation IV. Bureau des Né-gociations. - - 130
Observation V. Négociations avec Rome pour les penſions ſur les Bene-fices, pour la nomination du Roi aux Prieurez, & pour les penſions ſur les Abayes & autres Comunautez qui ne font point en commande. - 133
Obſervations Preliminaires. - ibid.
1. Propoſition. La nomination aux Pen-ſions Ecleziaſtiques vacantes ſeroit auſſi utile à l'Eglize, que la création de ces Penſions. - - 141
Sur les Moyens. - - 148
2. Propoſition. 151
3. Propoſition. Abayes Regulieres de Flan-dres. - - - 154
Concluzion. - - ibid.
Avertiſſement. - - 155
Observation VI. Importante. Sur le Siſtème de l'Equilibre en Europe. 156
Moïen de leur faire abandoner le Siſtème de l'Equilibre, & leur Traité de Ga-rantie de l'Indivizibilité qui en eſt une branche. - - 158

Avan-

Avantages que les Aliez de l'Empereur trouveront à préferer le Traité d'Aliance Generale pour l'Etablissement de la Diète Europaine, au Traité d'une Aliance Partiale pour faire durer l'Equilibre.   -   -   pag. 159
Avantages de l'Empereur pour préferer l'Etablissement de la Diète Europaine. 161
Avantages du Roi de France.   -   163
Moïen de se dégager honorablement d'une Aliance Partiale, pour entrer dans l'Aliance Generale.   -   167
OBSERVATION VII. *Inportante.* Sur les diférens avantages que la France doit se propozer dans ses Negociations prezentes. Mai 1733.   -   170
Conséquence 1. & 2.   -   172
Propozition.   -   -   173
I. *Intérêt.*   -   -   174
Conséquence 1.   -   -   175
Conséquence 2. 3. & 4.   -   176
Conséquence 5.   -   -   178
II. Intérêt.   -   -   ibid.
III. & IV. Intérêt.   -   -   179
Concluzion.   -   -   180
OBSERVATION VIII. Aplication de la Metode du Scrutin perfectioné au Roïaume de Pologne.   -   181
AVANTAGES de l'Etablissement des Classes supérieures & inférieures, & de la Métode du Scrutin perfectioné.   183
1. *Avantage.* Les grans Intérêts du Publiq ne seront plus sacrifiez injustement en Pologne à de petits Intérêts des Particuliers.   -   -   ibid.

1. *Avan-*

TABLE des MATIERES.

2. *Avantage.* Les meilleurs moïens pour aquérir les Vertus & les Talens utiles au Publiq deviendront en Pologne les meilleurs moïens pour aquérir de la Confideration, de grandes Places , & de grans Revenus.   -   pag. 184

3. *Avantage.* Augmentation de l'Emulation pour les Talens & pour la Vertu.   186

Observation IX. Principes pour defendre les anciennes Libertez de l'Eglife Gallicane contre les Pretentions exceffives des Ecrivains de la Cour de Rome ; par exemple, le Droit de dépofer les Rois.   -   -   187

Principe.   -   -   ibid.

Conféquences.   -   -   ibid.

Concluzion.   -   -   188

MINISTERE DE LA GUERRE AVEC LES ETRANGERS. Préface.   191

Observation X. Fonctions du Miniftère avec les Etrangers, en tems de Guerre.   -   -   196

Aliances.   -   -   199

Finances.   -   -   ibid.

Soldats.   -   -   200

Soldats aguerris.   -   -   201

Soldats bien péyés.   -   -   203

Bureau Militaire & Académie Militaire.   205

Emulation entre Regiment & Regiment.   207

Grenadiers.   -   -   208

Exercice.   -   -   209

Compagnies de Cadets.   -   210

Officiers plus nombreux.   -   211

Emulation pour les Talens.   -   212

Inportance de bien choizir les Oficiers Subalternes.   -   -   213

Tom. VIII.   Z   L_e

TABLE des MATIERES.

Le Général doit avoir les yeux bons,
pour voir de loin les Objets.   pag. 214
Oficiers Généraux.   215
Général.   217
Sauvegarde.   ibid.
Célérité du Général.   218
Le Général doit être robuste.   219
Il faut que le Général dézire fortement
la Récompenſe du Succez.   220
Etendre le pouvoir du Général, afin qu'il
puiſſe profiter des Ocazions.   222
Intendans d'Armée.   223
Vivres & Hôpitaux.   224
Artillerie.   225
Munitions & Fortifications.   228
Frontières Fortifiées.   230
Ingénieurs.   231
Emulation entre Oficiers, à qui retran-
chera le plus du Luxe à l'Armée.   233
OBSERVATION XI. Académie Militai-
re.   235
OBSERVATION XII. Reflexions ſur
un Livre qui a pour titre, *Mémoire ſur
le Service Journalier de l'Infanterie.*   242
Reflexion 1.   ibid.
Reflexion 2.   243
Reflexion 3. & 4.   244
Reflexion 5.   245
OBSERVATION XIII. Hiſtoriens des
Troupes.   246
OBSERVATION XIV. Sur la Pro-
motion des Maréchaux de France.   248
OBSERVATION XV. Guerre de Mer. 253
Matelots.   256
Compagnie des Indes.   257
Parties principales de la Marine.   ibid.
Conſtruction.   259
Charpentiers.   260
Gardes-Marines.   261

TABLE des MATIERES.

Matématiques. - - ibid.
Scrutin. - - pag. 262
Intendans & Comiſſaires de Marine. 263
Tems de Paix. - - 264
Observation XVI. Académie de Marine. - 266
Observation XVII. Sur la Vénalité des Emplois Militaires. - 267
Inconveniens de la Venalité. - 269
Observation XVIII. Queſtion Politique. - - 271
Objection. - - 277
Réponſe. - - 278
Concluzion. - - 280
Observation XIX. Exemple d'un Poinct-d'honneur mal entendu. ibid.
Queſtion & Principe de Décizion. 281
Eclairciſſemens. - - 282
Raizons des Contredizans. - 283
Objection 1. - - ibid.
Réponſe. - - 284
Objection 2. - - 290
Réponſe. - - 291
Objection 3. - - 294
Réponſe. - - 295
Objection 4. & Réponſe. - 296
Objection 5. - - 298
Réponſe. - - 300
Concluzion. - - ibid.
Observation XX. Honeurs aux Morts pour la Patrie. - 301
Observations. - 303
Il eſt poſſible de procurer la Paix à l'Europe, & de la rendre ſolide. Decembre 1733. Fait. - ibid.
Nullité de cette Election. - 310
Observations Preliminaires. 313
Principe de Decizion du Premier Poinct. 314

Con-

TABLE des MATIERES.

Conféquence 1. 2 & 3. . . . . . pag. 31
Conféquence 4. - - 317
SEGONDE QUESTION PRE'LIMINAIRE. ibid.
Principe de Décizion du Segond Poinct. ibid.
Conféquence 1. - - 319
Conféquence 2. - - 3.
Obfervations. Sur le Parti que doivent prendre les Anglois, les Holandois, les Danois, les Suedois, les Princes d'Alemagne, & les autres Princes d'Europe, dans ces conjonctures pour leur feûreté. - - ibid.
OBSERVATION I. - - ibid.
Eclairciffement. - - 321
Obfervation 2. - - ibid.
Eclairciffement. - - 322
Obfervation 3. - - 324
Eclairciffement. - - ibid.
Obfervation 4. - - 326
Eclairciffement. - - 327
Objection. - - 328
Réponfe. - - 329
Articles Fondamentaux de la Diète Euro-paine. - - 331
Avertiffement. - - 335

PROJET POUR PARVENIR A LA PAIX. FEVRIER 1734. 336
Supofition. 1. - ibid.
Eclairciffement. - ibid.
Supofition. 2. - 339
Eclairciffement. - 341
Supofition. 3. - 343
Eclairciffement. - 344

FIN DE LA TABLE.